约翰-科尔曼博士

撒谎的外交
英国和美国政府的背叛行为记述

OMNIA VERITAS®

约翰·科尔曼

约翰·科尔曼（John Coleman）是一名英国作家，也是秘密情报局的前成员。科尔曼对罗马俱乐部、乔治·西尼基金会、福布斯全球2000强、宗教间和平座谈会、塔维斯托克研究所、黑人贵族和其他与新世界秩序主题接近的组织进行了各种分析。

撒谎的外交
英国和美国政府的背叛行为记述

DIPLOMACY BY DECEPTION
An account of the treasonous conduct
by the governments of Britain and the United States

译自英文，由Omnia Veritas有限公司出版。

© Omnia Veritas Ltd - 2022

OMNIA VERITAS

www.omnia-veritas.com

序言

我决定写这本书，因为许多读过《*阴谋家的层次*》的人[1]，要求我给出具体的例子和具体的案例，说明委员会如何在如此大规模的情况下行使控制权。这本书是对这些要求的**一种回**应方式。

读完《*说谎的外交*》后，毫无疑问，英国和美国政府是世界上最腐败的政府，如果没有他们在执行300人委员会的计**划方面的充分合作**，这个超国家机构将无法推进其建立一个世界政府的计划，前总统布什是其最能干的仆人之一，他称之为"世界新秩序"。

我真诚地希望这本书能让人们更好地了解秘密组织是如何**运作的，以及他**们的命令是如何由那些本应为国家利益服务并确保各自国家和人民的国家安全的人执行的。

约翰-科尔曼博士

---

[1] 见《*阴谋家的等级制度*》，《*300人委员会的历史*》，Omnia Veritas有限公司，www.omnia-veritas.com。

I.联合国的威胁

联合国的创建故事是一个典型的欺骗性外交案例。联合国接替了已经解散的国际联盟，这是在产生《凡尔赛条约》的巴黎和平会议之后建立一个单一世界政府的第一次尝试。

和平会议于1919年1月18日在法国凡尔赛开幕，有70名代表代表27个 "战胜国"盟国的国际银行家。一个事实是，代表们从被选中到回到自己的国家，甚至很久以后，都在国际银行家的指挥之下。

我们要清楚，和平会议是为了让德国血本无归；是为了让那些在五年战争（1914-1919年）的可怕损失之上已经收获了暴利的国际银行家大亨们获得巨额资金。仅英国就有1,000,000人死亡，2,000,000多人受伤。战争史学家艾伦-布鲁格估计，国际银行家从每个阵亡士兵身上赚取了1万美元的利润。当涉及到300名伊卢米纳-罗斯柴尔德-沃伯格银行家委员会时，生命是廉价的，他们是美联储的主人，资助了战争的双方。

还值得一提的是，威尔斯（H. G. Wells）和罗素（Bertrand Russell）勋爵预见到了这场可怕的战争，数百万人--主要是基督教国家的花朵--无谓地死去。300人委员会的成员策划了这场战争，以便国际银行家们能够获得巨大利益。H.G. Wells被称为300人委员会的 "先知"。的确，威尔斯只是更新了英国东印度公司（BEIC

）的想法，这些想法由杰里米-边沁和亚当-斯密实施，这只是乔治三世用来破坏和毁灭北美殖民者经济未来的两个破坏者，这些殖民者试图摆脱威尼斯银行家**种姓在**17世纪末接管他们国家所带来的经济困难。

在威尔斯撰写并发表在《*银行家*》上的一篇文章（我在伦敦的大英博物馆找到了这篇文章的副本）中，威尔斯概述了国际货币基金组织（IMF）和银行的银行--国际清算银行（BIS）的未来角色。当我们这些主权国家的人民了解国际银行在煽动战争然后为双方提供资金方面的作用时，战争很可能成为过去。在此之前，战争仍将是国际银行最喜欢的工具，以增加他们的收入和摆脱不需要的人口，正如伯特兰-罗素所说的那么恰当。

在《*民主之后*》一书中，威尔斯认为，一旦建立起单一的、独裁的世界政府的经济秩序（社会能量），就会强行建立政治和社会秩序。这正是1919年**开始的巴黎**和谈的目的，其主要依据是皇家国际事务研究所（RIIA）撰写的一**份**备忘录。

RIIA起草了一**份**23点建议，并将其发送给伍德罗-威尔逊，后者将其交给威尔逊的荷兰籍犹太人控制人曼德尔-胡斯（又名豪斯上校）。豪斯上校立即前往他在马萨诸塞州的私人住宅木兰，在那里他将提案的数量减少到14个，从而为威尔逊总统于1918年12月提交给巴黎和平会议的"14点"奠定了基础。

威尔逊抵达巴黎后，受到了贫穷和受骗的民众的热烈欢迎，他们已经厌倦了战争，把威尔逊视为永恒和平的预兆。威尔逊用真实的语言装扮他的演讲，具有新的理想主义精神，同时打算通过国际联盟确保国际银行家对世界的控制。

读者不应忽视国联条约和其继承者联合国之间的相似之处。在条款准备提交给会议之前，德国代表被排除在讨论之外。俄罗斯没有代表，因为公众舆论激烈反对布尔什维克主义。英国首相劳埃德-乔治和威尔逊总统都很清楚，布尔什维克革命即将成功，给俄国人民带来可怕的后果。

从一**开始**，**十国集团**最高委员会（联合国安全理事会的前身）就占了上风。理事会由威尔逊、兰辛、劳埃德-乔治、贝尔福、皮雄、奥兰多、桑尼诺（均代表威尼斯的黑人贵族银行家）、克莱蒙梭、赛昂吉和牧野组成。

1919年1月25日，RIIA的议程占了上风，会议代表一致通过了一项关于建立国际联盟的决议。选定了一个委员会（其成员实际上是由RIIA任命的）来处理德国的赔偿问题。1919年2月15日，威尔逊返回美国，劳埃德-乔治回到了伦敦。然而，到了3月，**两个人都回到了巴黎**，研究如何在财政上给德国输血，而十人委员会由于规模太大，被缩减为四人委员会。

英国人邀请了布尔战争的老兵扬-克里斯蒂安-斯穆特（Jan Christian Smuts）将军参加讨论，以便为这一可悲的阴谋增添善意的光环。斯穆特是他自己人民的叛徒。作为总理，他不顾78%的人民的反对，将南非拖入了第一次世界大战，这些人民认为他们与德国没有争执。斯穆特是由威尔逊、豪斯、英国皇室的塞西尔主计长（见我的专著《*国王制造者/国王破坏者*》[2]）、布尔乔亚和维尼泽洛斯组成的委员会的一员。

国际联盟于1920年1月成立。它设在日内瓦，由秘书长、理事会（从五个大国中选出）和大会组成。德意志民族被出卖了，和平条件远远超过了劝说德国放下武器时商定的条件。德军在战场上没有被打败。它被欺骗性的外交手段打败了。

国际银行家成为大赢家，最终剥夺了德国的所有主要资产

---

[2] *造王者和破王者*，无损检测。

，并获得了巨额的
"赔偿"。用威尔逊的话说，RIIA现在认为它已经 "万事俱备"了。但RIIA并没有考虑到大量了解美国宪法的美国参议员。相比之下，今天真正了解美国宪法的参议员和国会议员的人数只有20人左右。

例如，参议员罗伯特-伯德（Robert Byrd），一个公开的洛克菲勒的门徒，最近宣布条约是国家的最高法律。显然，伯德参议员不知道，要使条约有效，必须与一个主权国家签订，而联合国，正如我们将看到的，没有主权。在任何情况下，条约只是一项法律，不能凌驾于美国宪法之上，当它威胁到美国的主权和安全时也不能得到维护。

如果伯德参议员有这种感觉，我们不禁要问，为什么他要投票放弃巴拿马运河。当美国为修建巴拿马运河而从哥伦比亚获得这块土地时，这块土地成为美国的主权领土。因此，巴拿马运河的割让是违宪和非法的，我们将在涉及卡特-托里霍斯巴拿马运河条约的章节中看到这一点。

1920年3月，当国联条约被提交给美国参议院时，49名参议员了解到其巨大的影响，拒绝批准该条约。与1945年向参议院提交《联合国宪章》时的辩论情况相比，当时有很多讨论。RIIA提交了对协会条约的若干修正案。这些建议被威尔逊总统接受，但被参议院拒绝。1920年11月19日，参议院以49-35票否决了该条约的有保留和无保留。

然后，国际银行家们要求威尔逊否决国会的一项联合决议，宣布结束与德国的战争，这样他们就可以继续屠杀德意志民族整整一年的时间。直到1945年4月18日，国际联盟才解散，将其所有资产（主要是第一次世界大战后从德国人民手中夺来的钱和盟国向美国提供的未偿战争贷款）移交给联合国。换句话说，300人委员会从未放弃过它的一个世界政府计划，并等到联合国存在时才解散了名誉扫地的国际联盟。

国联转给联合国的钱，理所当然地属于美国的主权人民。美国在1914年与德国交战后，冒着战败的危险，向所谓的盟国预付了数十亿美元，以获取战利品。

1923年，一名美国观察员被派往洛桑的协约国会议，讨论偿还欠美国的104亿美元以及双方分享中东产油国的问题。国际银行家们根据从RIIA总部查塔姆大厦收到的指示，在洛桑反对美国的干预。第一个还款协议是与英国签订的，英国必须在62年内偿还战争贷款，利率为3.3%。

1925年11月和1926年4月，美国与意大利和法国**达成**协议，偿还它们在同一时期的战争贷款份额。到1930年5月，美国借钱给的17个国家已经签署协议，偿还所有的战争贷款，近110亿美元。

1932年11月，美国第一位公**开的社会主**义总统富兰克林-D-罗斯福当选。他进入白宫始于威廉-
麦金利总统被暗杀，随后　　　　　　　"爱国者"　　　　泰迪-
罗斯福当选，他的任务是为富兰克林-D-
罗斯福即将就职的社会主义打开大门。根据查塔姆大厦的指示，罗斯福没有浪费时间来确认盟国所签署的贷款协议的违约。到1932年12月15日，所有欠下美国数十亿美元战争债务的国家都处于违约状态。英国是最大的债务国和最大的违约国。

这些钱，以及第一次世界大战后从德国勒索来的大部分钱，都进入了国际联盟的库房，最终进入了联合国的账户。因此，不仅美国在欧洲战场上无谓地牺牲了自己的士兵，而且发动第一次世界大战的国家也扒了美国的口袋。更糟**糕的是**，毫无价值的战争赔款债券被倾销到美国金融市场，使纳税人又损失了数十亿。

如果说我们对300人委员会有什么认识，那就是他们从不放弃。有句话说，历史会重演；300人委员会打算把一个世界性的政府机**构**强加给美国，这无疑是正确的。H.G.威尔斯

在他的《未来事物的形态》一书中[3]　，将这个组织描述为
"一种公开的阴谋--世界国家的邪教"（即一个世界政府）。

威尔斯说，世界国家（OWG），"必须是地球上唯一的土
地所有者。一切道路都必须通向社会主义"。威尔斯在《民
主之后》一书中明确指出，一旦世界经济秩序建立起来（
通过国际货币基金组织和国际清算银行），政治和社会秩
序就会以**极**权主义的方式强加于人。在关于塔维斯托克人
际关系研究所的章节中，将解释塔维斯托克的　"操作研究
"是如何成为经济和政治领域大幅改革的推动力的。

就美国而言，该计划不是要推翻美国政府或其宪法，而是
要
"让它变得微不足道"。这主要是通过缓慢而谨慎地实施费
边社在1920年撰写的社会主义宣言来实现的，该宣言是基
于1848年的《共产党宣言》。

这不正是使宪法变得　　　　　　　　　　"无**关**紧要
"的情况吗？事实上，当美国政府几乎每天都在违反宪法而
不受惩罚的时候，这就使得宪法变得
"无**关**紧要"。行政命令，例如在没有正式宣战的情况下开
战，如海湾战争，促使宪法完全
"失去意义"。宪法中绝对没有关于颁布行政命令的规定。
行政命令只是总统没有权力或授权的公告。只有国王才能
发布公告。

1945年，经过重新修订的国际联盟被迫通过美国参议院，
并贴上了一个新的标签：《联合国条约》。参议员们只有
三天时间来讨论该条约的影响，这些影响在至少18个月的
讨论中不可能得到充分考虑。如果参议员们完全理解他们
所讨论的内容，而除了少数例外，他们并不理解，他们就
会要求有足够的讨论时间。事实是，参议院并不了解这份
文件，因此不应该对其进行投票。

---

[3]"未来事物的形态"，NDT。

如果辩论联合国条约的参议员们正确理解了这份文件，它肯定会被拒绝。除了任何其他考虑，该文件写得很差，而且在许多情况下，非常含糊、误导和矛盾，仅凭这些理由就可以拒绝。

法律，也就是条约的定义，必须是明确的文字和不含糊的。联合国条约远非如此。在任何情况下，美国受其宪法约束，不能批准联合国条约，原因如下。

(1) 我们的宪法是建立在主权的基石上的，没有主权就没有宪法。美国的外交政策以瓦特尔的 "万国法"为基础，这使得主权成为问题。虽然宪法对世界政府和外国机**构未作**规定，但当宪法对某项权力未作规定，而它又不是宪法中另一项权力的附带品时，那么它就是对该权力的抑制，或对该权力的禁止。

(2) 联合国不是一个主权机构，它没有可衡量的权力，没有限定在自己的领土内。它设在美国本土，在纽约，由洛克菲勒家族借出的一栋大楼里。根据美国宪法，我们不能与一个非主权国家或机构签订条约。美国不可能（也不可能）与一个没有主权的组织或国家签订条约。美国可以与一个非主权国家或机构签订协议，但永远不能与一个非主权机构签订条约。

(3) 参议院试图批准与一个没有主权、没有确定边界、没有人口统计学、没有货币体系、没有一套法律或宪法的机**构、国家或民族的条**约，即联合国，就是背叛了参议员们发誓要捍卫宪法的誓言。这就是通常所说的叛国。

(4) 要使美国成为联合国的成员，必须通过对宪法的两项修正案。第一修正案必须承认一个世界性机构的存在。在目前的形式下，宪法不能承认联合国是一个世界机构。第二项修正案应规定，美国可以与非主权的世界机构建立条约关系。这两项修正案都没有被提出，更不用说被参议院接受和被所有州批准了。

因此，联合国的 "条约

"非常可疑，在美国从未具有法律效力。按照1945年和1993年的情况，虽然总统有权力在外交事务中拥有发言权，但他没有权力，也从未有权力与一个世界机构达成协议--更不用说条约。这绝对意味着，任何其他世界机构，特别是联合国，都无权部署美国军队，或命令美国在我们的开国元勋施加的宪法限制之外采取行动。

参议员David I.沃尔什是少数了解有严重缺陷的《联合国宪章》所带来的宪法危险的政治家之一，他告诉他的同事。

"《宪章》肯定能够处理的唯一侵略或破坏和平的行为是小国所为，也就是那些最没有能力和最不可能引发另一场世界冲突的国家所为。主席先生，即使在这些情况下，调查和预防行动也会被作为安全理事会常任理事国的五个大国中的任何一个任意地瘫痪......"

"因此，任何享有大国庇护，或作为大国的工具或傀儡的小国，都和五大国本身一样不受干扰。让我们面对现实吧：《宪章》给了我们一个工具来阻止那些没有权力发动战争的国家的战争行为。大规模冲突的威胁并不在于国家之间的争吵。这些纠纷是可以限制和缓解的。

"威胁反而是小国为了大国的利益而行动，被大国挑动而行动。但在这种情况下，使大国免受联合国行动影响的否决权特权可以使小卫星国免受影响。预防机制顺利**运作，直到达到真正的危**险点，即一个国家强大到足以催生世界大战的地步出现，然后才能停止。"

"事实上，我们可以假设，任何小国都可能受到诱惑和驱使，去寻求一个大国的庇护。只有这样，它才能间接地分享五大集团所拥有的垄断控制权。主席先生，《宪章》的缺点之一是，其惩罚性和强制性的杠杆作用只能**适用于真正的小国和独立国家**"。(伊拉克是《联合国宪章》腐朽的一个完美例子）。

"以独立为代价，其中一个国家可以通过与拥有否决权的国家签订协议的简单行为，使自己摆脱宪章的强制权力......"

参议员Hiram
W.除沃尔什参议员外，约翰逊是少数几个看过《联合国宪章》的人之一，他说

> "在某些方面，它是一个相当软弱的芦苇。它对阻止五个大国中任何一个国家发动的战争毫无作用；它给了每个国家完全的自由去打仗。因此，我们维护世界和平的唯一希望是，五个大国中没有一个选择开战......"

美国人民对联合国的战争潜力没有任何保护和追索权，这一事实在海湾战争中得到了证实，当时布什总统肆意妄为，践踏宪法的规定。如果布什总统遵循适当的程序，寻求宣战，海湾战争就不会发生，因为他将被拒绝。数以百万计的伊拉克人和300多名美国军人就不会不必要地失去他们的生命。

在国会发布合法的战争宣言和国家正式进入战争状态之前，总统不是我们武装部队的总司令。如果总统在任何时候都是总司令，那么这个职位将拥有与国王一样的权力--这是宪法明确禁止的。在海湾战争之前，CNN接受了一个错误的前提，即布什作为我们武装部队的总司令，有权将军队投入战争。这种危险的解释很快被媒体采用，现在被当作事实接受，而这在宪法上是不正确的。

对美国人民实施的一个严重欺骗是，总统在任何时候都是武装部队的总司令。参众两院的议员们对宪法的认识如此错误，以至于他们允许乔治-
布什总统逍遥法外，将近50万军队派往海湾，为英国石油公司打仗，满足对萨达姆-
侯赛因的个人仇恨。在这一点上，布什已经失去了他本应与美国人民建立的信任**关系**。比尔-
克林顿总统最近利用这种 　　　　　　　　　　　　　　 "总司令
"的错误想法，试图强迫军队接受同性恋者入伍，而他无权这样做。这与其说是一个道德问题，不如说是总统越权的

问题。

美国男女军人被派去打仗--
就像他们在朝鲜战争和海湾战争中被联合国派去打仗一样--
的悲惨事实是，那些在这些战争中死去的人并不是为他们
的国家而死，因为在我们的旗帜下为我们的国家而死构成
了一种主权行为，这在朝鲜和海湾战争中是完全没有的。
由于安全理事会或任何联合国理事会都没有主权，联合国
旗帜毫无意义。

没有一项直接或间接影响美国的联合国安理会决议具有任
何效力，因为这些决议是由一个本身没有主权的机构做出
的。美国的宪法高于任何所谓的世界机构，这尤其包括联
合国，美国的宪法高于并优于与任何国家或国家集团的任
何协议或条约，无论是否与联合国有关。但是，联合国给
予美国总统事实上和法律上的无限独裁权力，这是美国宪
法没有赋予的。

布什总统在海湾战争中的做法是直接代表联合国安理会发
布公告（行政命令），从而规避了宪法。众议院和参议院
则未能履行宪法规定的职责，防止非法发布这种命令。他
们本可以通过拒绝为战争提供资金来做到这一点。众议院
和参议院都没有权利，今天也没有权利为与一个将自己置
于美国宪法之上的世界机构达成的协议（或条约）提供资
金，特别是当这个世界机构没有主权的时候，特别是当这
个机构威胁到美国安全的时候。

公法[4] 85766，第1602条规定。

> "......本法案或任何其他法案所拨资金的任何部分不得用
> 于支付......任何个人、公司或企业，或个人、公司或企
> 业的组合进行研究或计划，以确定美国政府何时或如何
> 或在何种情况下应将这个国家及其人民交给任何外国势
> 力。"

---

[4]公法，无损检测。

公法第471条第109款进一步规定。

> "将资金用于任何促进世界政府或统一世界内公民身份的项目都是非法的。"

那么，联合国是如何处理这一基本权利的呢？朝鲜战争、越南战争和海湾战争也违反了美国宪法，因为它们违反了第1条第8款第11条。

> "国会有权宣布战争"。

没有说国务院、总统或联合国有这种权利......

联合国希望我们的国家在外国领土上投入战争，但第1条第10节第1款规定，不得规定美国作为一个国家在外国进行战争。此外，第1条第8款第1项允许税收收入仅用于以下目的。

> (1)"......支付债务，为美国的共同防御和一般福利做准备。"

它没有说要向联合国或任何其他世界机构缴纳会费（贡品），也没有给予允许这样做的权力。此外，还有第1条第10节第1款所载的禁令，其中规定。

> (2)
> "未经国会同意，任何国家不得在和平时期......维持军队或战舰......或参与战争，除非实际受到入侵或面临紧迫的危险。"

由于自第二次世界大战以来，国会没有进行过有效的宪法宣战，美国处于和平状态，因此，我们驻扎在沙特阿拉伯或波斯湾地区的任何地方、博茨瓦纳和索马里的部队是违反宪法的，不应该得到资助，而应该立即带回家。

美国的迫切问题应该是："联合国如何授权对伊拉克使用武力（即宣战），因为它没有主权，为什么我们的代表会同意这样的滑稽行为，违反他们发誓要捍卫的我国宪法？"此外，联合国没有主权，而根据我们自己的宪法，这是与美国缔结条约的必要条件。

什么构成了主权？它的基础是在明确划定的和可明确测量的边界内，有足够的领土、一种宪法货币形式、大量的人口。联合国根本不符合这些条件，无论我们的政客怎么说，联合国永远不能被视为美国宪法定义的主权机构。因此，我们永远不可能与联合国签订条约，现在不行，以后也不行。答案可能是，无论是出于对宪法的无知，还是作为300人委员会的仆人，参议员们在1945年批准了《联合国宪章》，违背了他们捍卫和维护美国宪法的誓言。

联合国是一个无目的、无根的水蛭，是以美国为宿主的寄生虫。如果这个国家有联合国部队，他们应该立即被驱逐，因为他们在我国的存在是对我国宪法的玷污，事实上，那些已经宣誓维护宪法的人不应该容忍。联合国是1920年建立的费边社会主义平台的继续延伸，其中的每一个元素都完全按照费边社会主义的美国项目来实施。联合国在柬埔寨的存在，在波黑的不作为，都不需要放大。

一些立法者看穿了联合国的协议。其中一个是伊利诺伊州的**众**议员杰西-萨姆纳。

> "总统先生，你当然知道，我们政府的和平议程不是和平。它是由那些仍然冒充和平王子的老牌战争贩子领导的，他们让我们卷入战争，同时声称他们的目的是不让我们卷入战争（对撒谎的外交的描述非常恰当）。就像租借法案和其他让我们参与战争的法案一样，同时承诺让我们远离战争，这项措施（联合国条约）将使我们参与所有未来的战争。

萨姆纳众议员与另一位知识渊博的立法者劳伦斯-H.**众**议员一起。史密斯。

> "对这个提案投赞成票就是对世界共产主义的认可。否则，它为什么会得到其他地方所有形式的共产主义的全力支持？这一（联合国）措施触及了宪法的核心。它规定，宣战的权力应从国会手中夺走，并交给总统。这就是独裁和独裁控制的本质，其他一切都不可避免地趋向于跟随。"

史密斯还表示。

> "总统被赋予了绝对的权力（美国宪法并没有赋予这种
> 权力），可以在他选择的任何时候，以任何借口，把我
> 们的儿女从他们的家里带走，在战场上战斗和死亡，不
> 仅是他喜欢的时间长度，而且是对国际组织的大多数成
> 员方便的时间长度。请记住，美国将是少数，因此，在
> 未来的任何战争中，关于我们的士兵在外国的时间长度
> 的政策将更多地是外国的事，而不是我们自己的事......"
> 。

事实证明，史密斯的担心是正确的，因为这正是布什总统
所做的，他把我们的儿女从他们的家中带走，在联合国这
个没有主权的世界机构的掩护下，把他们送到海湾战争中
作战。条约（参议院在1945年通过的文件应该是这样的）
和协议之间的区别是，条约需要主权，而协议则不需要。

1945年，美国参议院只辩论了三天--
如果**你能称之**为辩论条约的话。众所周知，条约有几千年
的历史，参议院不可能，也没有充分审查《联合国宪章》
的资源。美国国务院派出其最狡猾的人物来撒谎，迷惑参
议员。已故的约翰-福斯特-杜勒斯（John   Foster
Dulles）的证词就是一个很好的例子，他是美国13个主要幻
觉者之一，是300人委员会的成员，是一个听从他们召唤的
一世界政府。

杜勒斯和他的团队，由300人委员会亲自挑选，奉命颠覆参
议院，完全混淆了参议院，他们中的大多数人不熟悉宪法
，国会记录的证词足以说明这一点。杜勒斯是一个不诚实
的人，他公然撒谎，当他认为自己可能被抓到谎言时就会
退缩。一个彻底背叛和背信弃义的表现。

杜勒斯得到了参议员W.卢卡斯，银行家安插在参议院的代
理人。以下是卢卡斯参议员代表他的主子--
华尔街银行家所说的话。

> "......我对它（《联合国宪章》）的感受非常强烈，因为

现在是参议员们决定《宪章》含义的时候。我们不应等待一年，或一年半，当条件不同时（与战后不久的时期）。我不希望看到一个参议员在一年半之后才撤回他的判决......"

显然，卢卡斯参议员的这一默认意味着，参议院要适当地审议《联合国宪章》，至少需要18个月的时间来完成。这也是一**种承**认，如果考虑到这些文件，条约将被拒绝。

为何如此匆忙？如果常识占了上风，如果参议员们做了功课，他们就会看到，至少需要一年，甚至两年的时间来适当研究提交给他们的宪章并进行投票。如果1945年的参议员们这样做了，成千上万的军人今天仍然活着，而不是为这个叫做联合国的非主权机构牺牲了生命。

尽管事实可能令人震惊，但残酷的现实是，朝鲜战争是一场代表非主权机构进行的违宪战争。所以我们勇敢的士兵没有为他们的国家牺牲。海湾战争的情况也是如此。将会有更多的
"朝鲜战争"；海湾战争和索马里是美国参议院在1945年拒绝联合国条约失败的翻版。美国因此卷入了许多违宪的战争。

托马斯-M-
库利法官在其关于宪法的开创性著作中写道："。

"宪法本身从未屈服于一项条约或一项立法。它不随时代变化，在理论上也不屈服于环境的力量......国会的立法权来自于宪法，这是衡量其权力的标准。宪法对这一权力没有任何限制，但它受到隐含的限制，即不得根据国家宪法做任何事情，也不得剥夺政府任何部门或任何州的宪法权力--
国会和参议院在一项条约中，不能赋予大于自己的条约以实质内容，也不能赋予参众两院的委托权力。"

赫尔曼-冯-霍斯特教授在其巨著《*美国宪法*》中写道

"至于条约权力的范围，宪法没有规定（即保留-

禁止），但很明显，它不能是无限的。该权力只因宪法而存在，因此，任何与宪法规定不一致的条约都是不可接受的，而且根据宪法法律，当然是无效的"。

联合国条约至少违反了宪法的十几条规定，由于 "条约"不能凌驾于宪法之上，就美国而言，其安全理事会的每一项决议都是无效的。这包括我们在这个寄生组织的所谓成员资格。美国从来没有成为联合国的成员，今天也不是成员，而且永远不可能成为成员，除非我们人民同意由参议院修改宪法并由所有州批准，以允许加入联合国。

有大量的案例支持这一论断。由于不可能在此将其全部包括在内，我将提及**确立**这一原则的三个案例：切罗基烟草公司对美国、惠特尼对罗伯逊和戈弗雷对里格斯（133 U.S., 256）。

总结我们对联合国成员资格的立场，我们，美国的主权人民，没有义务遵守联合国的决议，因为参议院颁布的《联合国宪章》旨在使宪法与联合国法律相一致，与宪法的规定相冲突，因此，当然是无效的。

1945年，参议员们被骗了，认为条约有超过宪法的权力。显然，参议员们没有读过托马斯-杰斐逊所说的内容。

> "认为条约制定权是无限的，就是使宪法在结构上成为一张白纸。"

如果1945年的参议员们有心阅读国会记录中关于制定条约和协议的大量信息，他们就不会在批准《联合国宪章》时采取无知的行为。

联合国实际上是一个为粉碎美国宪法而设立的一个世界政府机**构**--
这显然是其最初的作者，即费边主义者悉尼和比阿特丽斯-韦伯、利奥-波斯沃斯基博士和伦纳德-
伍尔夫的意图。确认上述内容的一个很好的来源可以在罗丝-
马丁的《费边高速公路，美国社会主义的高速路》中找到。

颠覆美国的社会主义阴谋的基础可以在《*新政治家*》和《*新共和国*》等报纸上找到。这两篇论文都是在1915年左右发表的，我在伦敦的大英博物馆学习时，副本就在那里。1916年，纽约的*布伦塔诺斯*以 "国际政府"为题出版了同样的材料，同时得到了美国各阶层社会主义者的赞扬。

联合国宪章》真的是由叛徒阿尔杰-希斯、莫洛托夫和波索夫斯基写的吗？相反的证据比比皆是，但基本上发生的情况是，RIIA把比阿特丽斯-韦伯的费边社会主义文件送给了威尔逊总统，让他把其中的条款写进美国法律。威尔逊总统没有宣读这份文件，而是交给了豪斯上校，以便立即采取行动。威尔逊，以及他之后的所有总统，当我们的英国主人在查塔姆大厦讲话时，总是表现得很爽快。1918年7月13日和14日，豪斯上校在调查组的大卫-H-米勒教授的**帮助和教唆下**，**退居到他在**马萨诸塞州的夏季住所 "木兰"。哈佛调查公司的米勒负责制定英国关于建立统一的世界政府机**构的建议**。

豪斯带着一份包含23条条款的提案回到华盛顿，英国外交部接受了该提案，作为国际联盟的基础。这无非是企图颠覆美国宪法。众议院 "草案被转交给英国政府，供其批准，然后被缩减为14条。

这就产生了威尔逊的'14点'，实际上不是威尔逊的，而是英国政府在社会主义者沃尔特-利普曼的**帮助下提出的**--然后成为提交给巴黎和平会议的文件的基础。（在谈论颠覆性的秘密社团时，应该注意，'和平'一词是严格在共产主义-社会主义意义上使用的）。

如果参议员们在1945年做了功课，他们很快就会发现，联合国条约只不过是英国费边社设计的、得到其美国表亲支持的社会主义文件的温情版本。这就会敲响警钟。如果参议员们发现了国际联盟背信弃义的起草人到底是谁，他们肯定会毫不犹豫地拒绝这份文件。

从参议员哈罗德-伯顿（Harold A. Burton）的言论来看，参议员们显然不知道他们在看什么："参议员们不知道他们在看什么。伯顿。

> "我们再次有可能恢复和建立的不是国际联盟，而是目前的《联合国宪章》，尽管（《联合国宪章》中）80%的条款实质上与1919年国际联盟的条款相同......"

如果参议员们阅读了关于国际联盟的*国会记录*，特别是第8175-8191页，他们就会发现伯顿参议员的断言得到了证实，即《联合国宪章》只不过是一部经过改造的国际联盟宪章。他们对国际联盟将其资产转移到拟议中的联合国的做法本应引起怀疑。他们也会注意到，重塑现代版国际联盟的任务是由一群对美国的福利毫无兴趣的放荡不羁的人完成的：阿尔杰-希斯（他的导师是宪法的破坏者）、费利克斯-法兰克福特、利奥-波斯沃斯基，以及他们背后由罗斯柴尔德家族、沃伯格家族和洛克菲勒家族化身的国际银行家。

前国会议员约翰-拉里克说得非常好，他称联合国是"隐形政府的产物"。如果参议员们只看一下翻新的国际联盟的历史，他们就会发现，它是在查塔姆大厦复活的，1941年，它被带着RIIA的指示送到了国务卿科德尔-赫尔（由外交关系委员会挑选，自1919年以来所有国务卿都是如此），后者下令**启**动它。

时机很好，在珍珠港事件后14天，我们的英国主人认为这不会受到公**众的关注，而且无**论如何，在珍珠港事件的恐怖之后，公**众**舆论将是有利的。因此，1941年12月22日，应300人委员会的国际银行家的要求，科德尔-赫尔被要求向罗斯福总统通报他在提出　　"新的和改进的

"国际联盟版本中的作用。

RIIA的姐妹组织--
对外关系委员会（CFR）建议罗斯福立即下令成立一个关于战后外交政策的总统咨询委员会。以下是CFR建议采取的行动。

> "《联合国宪章》应成为国家的最高法律，每个国家的法官都应受其约束，尽管任何国家的宪法中都有相反的规定。"

参议员们在1945年就会发现，如果他们有心去看的话，就会发现CFR的指令等同于叛国，他们不可能在不违反他们维护宪法的誓言的情况下认可它。他们会发现，在1905年，一群国际银行家认为他们可以通过使用一个世界性机构作为工具来颠覆宪法，而CFR的指令只是这一持续过程的一部分。

条约在法律上不能高于宪法，但联合国条约确实优先于宪法。宪法或其部分内容不能简单地被国会废除，但条约可以被废除或废止。根据宪法，条约只是一项法律，国会可以通过两种方式予以废除。

(1) 通过一项法律，废除该条约。

(2) 切断条约资金。

为了防止这种权力的滥用，我们这些主权国家的人民必须要求我们的政府切断对联合国的资助，这种资助最常被表述为
"会费"。国会必须通过授权立法为所有美国义务提供资金，但国会为非法目的通过授权资金显然是非法的，例如我们在联合国的所谓成员资格，它已将自己置于宪法之上。
如果1945年的参议员们做了适当的研究，而不是让杜勒斯欺瞒、撒谎、掩盖、欺骗和误导他们，他们会发现参议员亨利-M-泰勒和参议员詹姆斯-B-
之间的以下交流。艾伦，并利用了这一优势。下面是两位

参议员之间的雄辩交流。

泰勒参议员："不可能有任何条约对美国政府的税收有约束力。

艾伦参议员："很好。就其性质而言，这完全是国家的事情，不能成为条约的主题"。

泰勒参议员："这不是因为这是一个国内问题，而是因为宪法将这个问题完全交给了国会。"

艾伦参议员："不，总统先生，不一定，因为税收是一个纯粹的国家事务。它是国家生活的基础，它必须由政府单独行使，没有任何外国势力（或世界机构）的同意或参与......"

条约不是国家的最高法律。这只是一个法律，甚至不是一个安全的法律。任何危害宪法的条约都会根据事实立即无效。此外，条约可以被破坏。这一点在瓦特尔的 "Droit des gens "第194页中得到了充分证实。

> "1506年，法兰西王国的议会在托尔斯举行会议，要求路易十二打破他与马克西米利安皇帝及其儿子菲利普大公缔结的条约，因为该条约对王国有害无益。他们还决定，条约和附带的誓言都不能约束王国，王国无权转让王室的财产"。

当然，联合国条约对美国的国家安全和福祉是有破坏性的。在美国成为联合国成员所需的宪法修正案尚未被所有50个州通过和接受的情况下，我们不是联合国成员。这样的修正案将使国会的宣战权屈从，并将宣战权置于联合国手中，其级别高于宪法，将美国军队置于联合国的控制和指挥之下。

此外，要把联合国和美国的宣战纳入同一文件，甚至直接或暗示地与之相**关**联，这需要对宪法进行修正。仅就这一点而言，联合国就威胁到了宪法的安全，因此，仅就这一点而言，我们在联合国的成员资格肯定是无效的，不应允许。投票反对《联合国宪章》的两位参议员之一兰格在1945年7月警告他的同事，该条约对美国来说充满了危险。

已故美国**众**议员拉里-
麦克唐纳充分揭露了联合国条约的大规模煽动和背叛，这在1982年1月27日的国会记录中以《让我们出去》为题进行了报道。

> "在过去的三十五年里，联合国一直在从事一个巨大的不受约束的阴谋，主要是以美国纳税人为代价，将我们的共和国奴役为一个由苏联及其第三世界主导的世界政府。厌倦了这种自由散漫的阴谋，越来越多负责任的公务员和有思想的公民准备下台……"

麦克唐纳是对的，但在过去几年中，我们看到联合国主要由英国和美国管理的方式发生了明显变化，我们将在适当的时候再来讨论这个问题。在布什总统时期，人们明显希望继续留在联合国，因为这适合他的政治风格以及他的皇家愿望。

1945年，厌恶战争的参议员们认为，联合国将是结束战争的**一种方式。他**们不知道，联合国的目的恰恰相反。我们今天知道，只有五位参议员在投票赞成该条约之前真正阅读了阿尔杰-希斯起草的宪章。

联合国的目标，或者说，联合国背后的人的目标不是和平，即使是共产主义意义上的和平。

它实际上是一场世界革命，推翻了良好的政府和良好的秩序，破坏了既定的宗教。社会主义和共产主义本身并不一定是目的，它们只是实现目的的手段。现在对美国造成的经济混乱是实现这一目的的更有力的手段。

联合国作为其组成部分的世界革命完全是另一回事；其目标是彻底推翻西方国家几个世纪以来享有的道德和精神价值。作为这一目标的一部分，基督徒的领导力必须被摧毁，这一点已经在很大程度上通过将错误的领导人安置在他们具有相当影响力的地方而实现了。比利-

格雷厄姆和罗伯特-S-
舒勒是所谓的基督教领袖的两个很好的例子，他们并不是
。这一革命议程的大部分内容被富兰克林-D-
罗斯福在其《我们的道路》一书中确认。

如果仔细阅读背信弃义和煽动性的《联合国宪章》的字里
行间，就会发现前面几段所述的许多目标在这个有害的
"条约
"中是隐含的，在某些情况下甚至是明确的，如果我们人民
不推翻它，它将践踏我们的宪法，使我们在一个世界政府
下成为最野蛮和镇压的独裁的奴隶。

总而言之，目前正在肆虐的全球精神和道德革命的目标--
在美国更是如此--如下所示。

(1)　西方文明的毁灭。

(2)　解散合法政府

(3)　破坏民族主义，并随之破坏爱国主义的理想。

(4)　通过累进所得税、财产税、遗产税、销售税等，不厌
其烦地将美国人民带入匮乏状态。

(5)　通过对财产征税使其不复存在，并越来越多地对遗产
征税，从而废除了私有财产的神圣权利。(克林顿总统已经
朝着这个方向迈出了一大步）。

(6)　通过
"自由恋爱"、堕胎、女同性恋和同性恋破坏家庭单位。(同
样，克林顿总统已将自己坚定地置于这些革命目标的背后
，摧毁了对他与世界革命力量的关系的任何挥之不去的疑
虑）。

300人委员会雇用了大量的专家，他们会让我们相信，由于
"时代的变化"，正在发生严重的危险和往往是破坏性的变
化，好像没有某**种力量**强加给他们，他们的方向就会改变
。委员会有大量的　　　　　　　"教师　　　　　　"和
"领导人"，他们一生唯一的工作就是欺骗尽可能多的人，

让他们相信重大变化

"就这样发生了"，因此，当然必须接受。

为此，这些走在实现《共产党宣言》"社会纲领　　"前列的 "领导人"，巧妙地**运用了塔**维斯托克人际关系研究所的方法，如　　　　　　　"内部定向调节　　　　　　"和 "操作研究"，使我们接受这些变化，好像它们本来就是我们自己的想法。

对《联合国宪章》的批判性研究表明，它与1848年的《共产党宣言》仅有细微差别，该宣言的未删节和未修改的副本保存在伦敦的大英博物馆。它包含了宣言的摘录，据称是**卡尔**-马克思（犹太人莫德凯·列维）和弗里德里希-恩格斯的作品，但实际上是由光照会成员写的，他们今天仍然通过他们在美国的13个主要理事成员非常活跃。

1945年，这些重要信息都没有被参议员们看到，他们匆匆忙忙地签署了这份危险的文件。如果我们的立法者了解宪法，如果我们的最高法院执行宪法，那么我们就能响应已故参议员萨姆-埃尔文的话，他是一位伟大的宪法学者，因为他在水门事件上的工作而受到自由派的钦佩："我们不可能加入联合国"，并迫使我们的立法者承认美国宪法高于任何条约的事实。

联合国是一个战争机关。它努力将权力置于行政部门手中，而不是将权力置于立法机构中。以朝鲜战争和海湾战争为例。在海湾战争中，联合国，而不是参议院和众议院，赋予了布什总统对伊拉克开战的权力，使他可以利用宪法规定的宣战手段来规避。哈里-杜鲁门总统引用了同样的未经授权的权力来发动朝鲜战争。

如果我们这些主权国家的人民继续相信美国是联合国的合法成员，我们就必须为我们的总统采取进一步的非法行动做好准备，正如我们在入侵巴拿马和海湾战争中看到的那样。通过在安全理事会决议的掩护下采取行动，美国总统可以拥有国王或独裁者的权力。这种权力是宪法明确禁止的。

凭借联合国安理会决议赋予他的权力，总统将能够把我们**拖入他决定的任何未来**战争。这种破坏宪法规定的宣战程序的方法的基础在海湾战争之前的日子里得到了检验和实施，作为战争战略的一部分，这无疑将永远被用作未来不宣而战的先例。战争带来的深刻变化是无法通过外交手段实现的。

为了绝对清楚地了解宪法中规定的美国参战前必须遵循的程序，我们来看看这些程序。

(1) 参议院和众议院必须分别通过决议，宣布美国和对方国家之间存在交战状态。在这方面，我们必须研究 "交战国"一词，因为没有 "交战 "就不可能有战争的意图……。

(2) 然后，**众**议院和参议院必须分别单独通过决议，宣布交战方、一个或多个国家与美国之间存在战争状态。美国因此被正式**警**告，它即将**开**战。

(3) 然后，**众**议院和参议院必须通过单独的决议，通知军方，美国现在正与交战国交战。

(4) 然后，**众**议院和参议院必须决定这场战争应该是一场"不完美   "还是   "完美"的战争。一场不完美的战争意味着只有一个军种可能参与其中，而一场完美的战争意味着美国的每一个男人、女人和孩子都在与其他国家的**每一个男人、女人和孩子公开交**战。在后一种情况下，武装部队的所有部门都要参与。

如果总统没有从国会获得宪法规定的战争宣言，所有被派去打未宣布的战争的美国军事人员必须在他们被派去的60天内返回美国（这一重要条款已大部分失效）。不难看出，宪法是如何被布什总统劫持的；我们的军队仍然在与伊拉克交战，仍然被用来执行联合国的非法封锁。如果我们有一个真正尊重宪法的政府，海湾战争就不会发生，我们的军队现在就不会在中东，甚至在索马里。

这些宣战措施是专门为防止美国仓促参战而设计的，这也是布什总统绕过宪法让我们参加海湾战争的原因。联合国也无权将一项规则强加给美国，告诉我们要服从对伊拉克或任何其他国家的经济封锁--
因为联合国没有主权。我们将在后面的章节中讨论海湾战争。

这些权力并不属于总统，而是属于事实上的立法部门，通过安全理事会的决议，使联合国成为世界上最强大的机构。自从我们放弃了杰斐逊的中立形式，我们就被一个又一个的流浪汉所统治，他们随意掠夺美国并继续这样做。正是托马斯-
杰斐逊发出了严厉的警告，而我们在国会的代理人却轻率地忽视了这一点，美国将被与外国政府达成的秘密协议所摧毁，这些协议的目的是为了分裂和统治美国人民，从而使外国政府的利益在我们本国人民的需求之前得到满足。

对外援助只不过是一个抢劫和掠夺各国自然资源的计划，并将美国纳税人的钱交给这些国家的独裁者，以便300人委员会能够从这种非法掠夺中获得暴利，而比埃及法老的奴隶好不了多少的美国人民却在为　　　　　　　　"对外援助"捐款的巨大负担下呻吟。在关于暗杀的一章中，我们举了一个比利时刚果的例子，说明我们的意思。比属刚果显然是为了300人委员会的利益而运作，而不是为了刚果人民的利益。

联合国利用对外援助作为掠夺主权国家资源的手段。没有一个海盗或盗贼能有如此好的运气。即使是忽必烈也没有像罗斯柴尔德家族、洛克菲勒家族、沃伯格家族和他们的同类人那样幸运。如果一个国家怯于交出自然资源，就像刚果一样，它试图保护自己不受外国掠夺，联合国部队就会进去
"迫使它服从"，即使这意味着谋杀平民，这就是联合国部

队对刚果的所作所为，即驱逐和谋杀其领导人，就像帕特里斯-

卢蒙巴那样。目前企图暗杀伊拉克总统侯赛因的行为是联合国颠覆美国法律和独立国家法律的另一个例子。

问题是，我们这些主权国家的人民将继续容忍我们在这个世界政府组织中的非法成员身份多久。只有我们，拥有主权的人民，才能命令我们的代理人，我们的仆人，众议院和参议院，立即取消我们在一个世界机构的成员资格，这对美利坚合众国的福利是有害的。

II.残酷和非法的海湾战争

最近在海湾战争的幌子下进行的战争与其他战争不同，300人委员会、对外关系委员会、光照派和比尔德伯格家族在战争的路上没有充分掩盖他们的踪迹。因此，海湾战争是最容易追溯到查塔姆大厦和哈罗德-

普拉特大厦的战争之一，对我们来说幸运的是，也是最容易证明我们的案件的战争之一。

海湾战争必须被视为300国委员会对中东产油伊斯兰国家总体战略中的一个独特因素。这里只能做一个简单的历史概述。必须了解真相，将自己从麦迪逊大道的舆论制造者，也就是 "广告公司 "的宣传中解放出来。

英帝国主义在其美国表亲的帮助下，在ᵉ19世纪中期开始实施他们的计划，以控制中东的所有石油。非法的海湾战争是这个计划的一个组成部分。我说是非法的，因为正如涉及联合国的章节所解释的那样，只有国会可以宣战，这是美国宪法第一条第8款第1、11、12、13、14、15和18条的规定。亨利-

克莱是公认的宪法权威，他曾在多个场合这样说过。

任何民选官员都不能推翻宪法的规定，前国务卿詹姆斯-

贝克三世和乔治-

布什总统都应该因违反宪法而被弹劾。一位英国情报人士告诉我，当贝克在白金汉宫会见英国女王伊丽莎白二世时，他实际上是在吹嘘他是如何规避宪法的，然后当着女王的面，斥责爱德华-

希思反对战争的行为。英国前首相爱德华-

希思因不支持欧洲统一政策和强烈反对海湾战争而被300人

委员会解雇。

贝克向国家元首和外交官的聚会指出，他拒绝了让他讨论宪法问题的企图。贝克还吹嘘他对伊拉克国家的威胁是如何被执行的，伊丽莎白二世女王点头表示同意。显然，贝克和也出席会议的布什总统把对一元世界政府的忠诚置于他们维护美国宪法的誓言之上。

阿拉伯的土地已经存在了几千年，并且一直被称为阿拉伯。这片土地通过瓦哈比和阿卜杜勒-
阿齐兹家族与土耳其、波斯（现在的伊朗）和伊拉克的事件有**关**。15
世纪，英国人在威尼斯黑贵族的贵族银行家的领导下，看到了在阿拉伯建立自己的机会，他们在那里与先知穆罕默德的部落Koreish部落发生冲突，该部落是哈希姆-
阿卜杜拉的遗腹子，法蒂玛王朝和阿巴斯王朝都来自于此
。

海湾战争是300人委员会试图摧毁穆罕默德的继承人和伊拉克的哈希姆族人的企图的延伸。沙特阿拉伯的统治者被所有真正的伊斯兰教信徒所憎恨和鄙视，特别是他们允许
"**异教徒**"（美国军队）驻扎在先知穆罕默德的土地上。

穆斯林宗教的基本条款包括：相信唯一的真主（安拉）、他的天使和他的先知穆罕默德（最后一位先知），并相信他的**启示作品**《**古兰经**》；相信复活日和真主对人的宿命。信徒的六项基本义务是：背诵信仰宣言，证明真主的统一性，并坚定地接受穆罕默德的使命；每天做五次祈祷；在斋月期间完全禁食；在信徒的一生中至少要去麦加朝圣一次。

严格遵守穆斯林宗教的基本原则使人成为原教旨主义者，而瓦哈比和阿卜杜勒-
阿齐兹家族（沙特王室）不是这样的。沙特王室已经缓慢但肯定地远离了原教旨主义，这并没有使他们受到伊拉克和伊朗等伊斯兰原教旨主义国家的欢迎，这些国家现在指

责他们使海湾战争成为可能。跳过几个世纪的历史，我们来到了1463年，由威尼斯黑圭尔夫银行家煽动和策划的一场大战争在奥斯曼帝国爆发了。威尼斯贵族（与英国女王伊丽莎白二世有直接关系）曾欺骗土耳其人，让他们相信自己是朋友和盟友，但奥斯曼人将学到一个痛苦的教训。

为了理解这个时期，有必要知道英国黑人贵族是威尼斯黑人贵族的同义词。在征服者穆罕默德的领导下，威尼斯人被赶出了现在的土耳其。威尼斯在世界历史上的作用一直被刻意地严重低估。而它的影响力现在被低估了，就像它在布尔什维克革命、两次世界大战和海湾战争中发挥的作用一样。奥斯曼人被英国人和威尼斯人出卖了，他们"以朋友的身**份前来，却在背后藏着一把匕首**"，正如故事所说。这是最早涉足战争世界的作品之一。乔治-布什通过冒充阿拉伯人民的朋友来复制它，取得了巨大的成功。

由于英国的干预，土耳其人被赶出了威尼斯的大门，阿拉伯人的存在在半岛上得到了牢固的确立。英国人在托马斯-E-劳伦斯上校的领导下，利用阿拉伯人打倒了奥斯曼帝国，然后背叛了他们，通过《贝尔福宣言》建立了犹太复国主义的以色列国。这是外交上两面派的一个好例子。从1909年到1915年，英国政府利用劳伦斯领导阿拉伯军队与土耳其人作战，并将他们赶出巴勒斯坦。土耳其人留下的真空被根据《贝尔福宣言》的条款涌入巴勒斯坦的犹太移民填补。

英国政府继续其欺骗行为，将英国军队调入西奈和巴勒斯坦。阿奇博尔德-默里爵士向劳伦斯保证，这是为了防止犹太人根据由光照派主要成员罗斯柴尔德勋爵签署的《贝尔福宣言》移民。

阿拉伯人同意介入与奥斯曼人（英国的黑人贵族曾向奥斯曼人宣誓毫无疑问地效忠）的冲突的条件，是由希贾兹的侯赛因警长谈判达成的，其中特别包括英国不允许犹太人进一步移民到巴勒斯坦、外约旦和阿拉伯。侯赛因将这一要求作为与英国政府签署的协议的核心。

当然，英国政府从未打算履行与侯赛因达成的协议条款，将其他国家的名字加入巴勒斯坦，以便他们可以说，"好吧，我们不让他们进入这些国家"。这是最后一根稻草，因为犹太**复国主**义者没有兴趣把犹太人送到巴勒斯坦以外的任何中东国家。

英国政府总是将阿卜杜勒-阿齐兹家族和瓦哈比家族（沙特王室）与侯赛因警长对着干，秘密地与这两个家族做交易，声称 "正式"承认侯赛因为希贾兹国王（英国政府于1916年12月15日承认了这一点）。英国政府同意秘密支持这两个家族，向他们提供足够的武器和资金来征服阿拉伯的独立城邦。

当然，侯赛因不知道这个侧面协议，同意对土耳其人发动全面攻击。这促使瓦哈比家族和阿卜杜勒-阿齐兹家族组建军队并发动战争，将阿拉伯置于其控制之下。英国石油公司因此成功地让侯赛因代表他们与土耳其人作战，而不是有意为之。

1913年和1927年，在英国的资助下，阿卜杜勒-阿齐兹-瓦哈比的军队对阿拉伯的独立城邦发动了一场血腥的运动，夺取了希贾兹、焦夫和塔伊夫。1924年10月13日，哈希姆族的**圣城麦加遭到**袭击，迫使侯赛因和他的儿子阿里逃**离**。1925年12月5日，麦地那在一场特别血腥的战斗后投降。英国政府再次表明其对现实的把握，没有告诉瓦哈比人和沙特人，其真正的目的是破坏麦加的神**圣性和全面削弱**穆斯林宗教，而这正是英国寡头和他们的黑人贵族的威尼斯表亲所深深渴望的。

英国政府也没有告诉沙特和瓦哈比家族，面对意大利、法国、俄罗斯、土耳其和德国的要求，他们只是为英国争取阿拉伯石油游戏中的棋子。1932年9月22日，沙特和瓦哈比军队在以哈希姆人为主的外约旦领土上粉碎了一场叛乱。

此后，阿拉伯被重新命名为沙特阿拉伯，并由两个家族的一个国王统治。因此，通过谎言的外交欺骗，英国石油公司控制了阿拉伯。我在题为
"谁是真正的沙特国王和科威特酋长？"的专著中详细描述了这场血腥运动。".

一旦摆脱了奥斯曼帝国的威胁和谢里夫-
侯赛因统治下的阿拉伯民族主义，英国政府代表其石油公司行事，进入了一个新的繁荣时期。他们起草并保证了沙特阿拉伯（现在称为沙特阿拉伯）和伊拉克之间的条约，该条约成为一系列阿拉伯和穆斯林之间条约的基础，英国政府宣布它将执行这些条约，反对犹太人移民到巴勒斯坦。

与英国领导层对阿拉伯-
穆斯林各方的说法相反，已经谈判达成的《贝尔福宣言》不仅允许犹太人移民到巴勒斯坦，而且使其成为一个家园。这项协议以英法协议的条款表述，将巴勒斯坦置于国际管理之下。这就是今天的联合国正在做的事情，赛勒斯-
万斯把国际社会承认的波斯尼亚-
黑塞哥维那分割成小块飞地，以便塞尔维亚能够在适当的时候接管它们。

然后，在1917年11月2日，公**开宣布了**《贝尔福宣言》，根据该宣言，英国政府--
而不是阿拉伯人或巴勒斯坦人，他们的土地--
赞成将巴勒斯坦建立为犹太人民的民族家园。英国承诺尽其所能促进这一目标的实现，"但有一项明确的谅解，即不得采取任何有损于巴勒斯坦现有非犹太社区的公民和宗教权利的行动"。

一个更大胆的作品在其他地方很难找到。请注意，巴勒斯坦的实际居民被降格为
"非犹太社区"。还要注意的是，这份实际上是公告的宣言是由英国犹太**复国主义**者的领袖罗斯柴尔德勋爵签署的，他不是英国皇室成员，也不是贝尔福的内阁成员，因此比

贝尔福更没有权利签署这样一份文件。

阿拉伯人公然的背叛行为激怒了劳伦斯上校，他威胁说要**揭露英国政府的两面性**，这一威胁使他付出了生命的代价。劳伦斯曾向侯赛因和他的手下郑重承诺，犹太人将不会继续向巴勒斯坦移民。大英博物馆的文件清楚地表明，劳伦斯向侯赛因警长传达的承诺是由阿奇博尔德-默里爵士和埃德蒙-艾伦比将军代表英国政府做出的。

1917年，英国军队向巴格达进军，标志着奥斯曼帝国结束的**开始。在整个**这一时期，瓦哈比和沙特家庭不断得到默里的保证，即不允许犹太人进入阿拉伯，少数被允许移民的犹太人将只在巴勒斯坦定居。1919年1月10日，英国人给了自己一个治理伊拉克的
"授权"，并于1920年5月5日成为法律。世界上没有一个政府对英国的非法行动提出抗议。珀西-考克斯爵士被任命为高级专员。当然，根本就没有征求伊拉克人民的意见。

1922年，国际联盟批准了《贝尔福（罗斯柴尔德）宣言》的条款，该宣言赋予英国政府统治巴勒斯坦和名为外约旦的哈希姆国家的授权。人们只能对英国政府和国际联盟的胆量感到**惊讶**。

1880年，英国政府结识了一位名叫阿卜杜拉-萨利姆-萨巴赫埃米尔的驯服的阿拉伯酋长。萨巴赫成为他们在伊拉克南部边境地区的代表，那里的鲁迈拉油田是在伊拉克境内发现的。Al
Sabah家族在伊拉克政府处理这一丰富的矿藏时，一直关注着它。

1899年，英国人又**开始追逐另一个**战利品，即德兰士瓦和奥兰治自由邦这两个小布尔人共和国的巨大金矿，我们将在后面的章节中讨论。我们在这里提到它，是为了说明300人委员会随时随地都在追求攫取各国的自然资源。

1899年11月25日--也就是英国与布尔共和国开战的同一年--

英国政府代表300人委员会与萨巴赫埃米尔达成协议,将侵占伊拉克鲁迈拉油田的土地割让给英国政府,尽管该土地是伊拉克不可分割的一部分或萨巴赫埃米尔对其没有权利。

该协议由谢赫-穆巴拉克-萨巴赫签署,他带着随从大张旗鼓地前往伦敦,所有费用由英国纳税人支付,而不是由作为协议受益者的英国石油公司支付。科威特成为事实上未宣布的英国保护国。当地居民对萨巴赫家族的建立没有发言权,他们是绝对的独裁者,很快就表现出无情的一面。

1915年,英国入侵伊拉克并占领了巴格达,乔治-布什总统将这一行为称为"不公正的侵略",他用这个词来形容伊拉克为收回被英国窃取的土地而对科威特采取的行动。正如我们已经看到的那样,英国政府设立了一个自称的"授权",1921年8月23日,在抵**达巴格达两个月后,自称的**高级专员考克斯任命叙利亚前国王费萨尔领导巴士拉的傀儡政权。英国现在在伊拉克北部有一个傀儡,在伊拉克南部有一个傀儡。

为了加强他们的地位,对明显被操纵的公民投票给予英国人的授权感到不满,他们策划了一个精心设计的血腥阴谋。英国军情六处的特工被派往摩苏尔挑起库尔德人的叛乱。在其领导人谢赫-马哈茂德的鼓励下,他们于1922年6月18日组织了一次大规模叛乱。几个月来,来自军情六处的英国情报人员告诉谢赫-马哈茂德,他为库尔德人获得一个自治国家的机会绝不会更好。

为什么军情六处表面上采取了违背英国政府最佳利益的行动?答案就在于通过谎言进行外交。然而,就在库尔德人被告知他们对自治国家的长期追求即将成为现实的时候,考克斯在巴格**达告**诉伊拉克领导人,库尔德人即将造反。

考克斯说，这是伊拉克人需要英国在该国继续存在的许多原因之一。经过两年的战斗，库尔德人被击败，其领导人被处决。

然而，1923年，英国在意大利、法国和俄国的逼迫下，承认了一项一旦伊拉克加入国际联盟，或至少在1926年之前给予其独立的议定书。这激怒了荷兰皇家壳牌公司和英国石油公司，这两家公司都要求采取进一步行动，因为它们担心会失去将于1996年到期的石油特许权。对英帝国主义及其石油公司的**另一个打**击是国际联盟将石油资源丰富的摩苏尔授予了伊拉克。

1925年2月至4月，军情六处安排了另一次库尔德人的叛乱。他们向伊拉克政府作出了虚假的承诺，讲述了如果英国从伊拉克撤走保护会发生什么。库尔德人被推到了叛乱中。其目的是向国际联盟表明，将摩苏尔交给伊拉克是一个错误，由一个 "不稳定"的政府来掌管一个主要的石油储备对世界是不利的。另一个好处是，库尔德人可能会输，他们的领导人将再次被处决。然而，这一次，阴谋没有得逞；阿盟坚持其关于摩苏尔的决定。但这次叛乱再次导致了库尔德人的失败，其领导人被处决。

库尔德人从未意识到，他们的敌人不是伊拉克，而是英国和美国的石油利益。是温斯顿-丘吉尔，而不是伊拉克人，在1929年命令皇家空军轰炸库尔德人的村庄，因为库尔德人反对英国在摩苏尔油田的石油利益，他们完全了解这些油田的价值。

1932年4月、5月和6月，库尔德人在M16的鼓舞和领导下开始了新的叛乱，旨在说服国际联盟对摩苏尔的石油采取妥协政策，但这一尝试没有成功，1932年10月3日，伊拉克成为独立国家，完全控制了摩苏尔。英国石油公司又坚持了12年，直到1948年他们最终被迫离开伊拉克。

甚至在离开伊拉克后，英国人也没有从科威特撤出他们的

存在，理由是它不是伊拉克的一部分，而是一个独立的国家。**卡西姆**总统被暗杀后，伊拉克政府担心库尔德人发生新的起义，而库尔德人仍在英国特工部门的控制之下。1963年6月10日，穆斯塔法-

巴尔扎尼的库尔德人威胁要对巴格达发动战争，而巴格达在粉碎共产主义威胁方面已经很吃力了。伊拉克政府缔结了一项协议，给予库尔德人一些自治权，并为此发布了一项公告。

在英国情报部门的鼓励下，库尔德人于1965年4月恢复了战斗，因为伊拉克在执行1963年公告的规定方面没有取得进展。巴格**达政府指**责英国干涉其内部事务，库尔德人的动乱又持续了四年。1970年3月11日，库尔德人终于获得了自治权。但是，和以前一样，该协议中只有极少数条款得到了执行。1923年，在土耳其、德国和法国的坚持下，在国际联盟的主持下，在瑞士洛桑召开了一次会议，这一安排被打乱。

1923年洛桑会议的真正原因是在伊拉克北部发现了摩苏尔油田。土耳其突然决定，它对库尔德人占领的土地下的大量石油储藏拥有权利。此时，美国也很感兴趣，约翰-D-洛克菲勒要求沃伦-

哈丁总统派遣一名观察员。美国观察员接受了科威特的非法状况。洛克菲勒无意破坏英国的船，只要他能从新的石油发现中得到自己的那份。

伊拉克失去了与土耳其石油公司的旧协议下的权利，而科威特的地位保持不变。在英国代表的坚持下，摩苏尔石油的问题被故意弄得很模糊。英国代表团说，这些问题将
"通过未来的谈判
"来解决。美国军人的鲜血仍将被用来为英国和美国石油公司**确保摩**苏尔的石油，就像为科威特石油所流的血一样。

1961年6月25日，伊拉克总理哈桑-阿卜杜勒-
卡西姆在科威特问题上猛烈抨击英国，指出洛桑会议上承诺的谈判并没有进行。卡西姆说，名为科威特的领土是伊

拉克的一个组成部分，400多年来奥斯曼帝国一直承认它是伊拉克的一部分。相反，英国给予科威特独立。

但很明显，英国推迟科威特和摩苏尔油田地位的伎俩几乎被**卡西姆挫**败。因此，在世界其他国家发现英国和美国的策略之前，突然需要给予科威特独立。科威特永远不可能独立，因为正如英国人所清楚的那样，它是伊拉克的一块，是从鲁迈拉油田中分割出来的，并给了英国石油公司。

如果**卡西姆成功收复科威特**，**英国**统治者就会损失数十亿美元的石油收入。但当**卡西姆在科威特独立后消失后**，**英**国的抗议运动就失去了动力。通过在1961年给予科威特独立，并无视这块土地不属于他们的事实，英国得以抵御伊拉克的正义要求。正如我们所知，英国在巴勒斯坦、印度以及后来的南非都做了同样的事情。

在接下来的30年里，科威特仍然是英国的附庸国，石油公司向英国银行输送了数十亿美元，而伊拉克则一无所获。英国银行在科威特蓬勃发展，由白厅和伦敦市管理。这种情况一直持续到1965年。除了萨巴赫家族的残酷行为外，没有   "一人一票"的制度。事实上，人民根本就没有投票权。英国和美国政府并不**关心**。

英国政府与萨巴赫家族达成了这一协议，萨巴赫家族现在仍是科威特（伊拉克领土这一部分的名称）的统治者，受到英国政府的全面保护。科威特就是这样被从伊拉克偷走的。当沙特阿拉伯申请加入联合国时，科威特没有申请加入联合国，这一事实证明它从来不是一个真正意义上的国家。

科威特的建立受到了历届伊拉克政府的激烈争夺，他们几乎无法从英国的军事力量中夺回领土。1961年7月1日^{er}，在抗议科威特吞并其领土多年之后，伊拉克政府终于在这个问题上采取了行动。埃米尔-
萨巴赫要求英国履行1899年的协议，英国政府向科威特派遣了军队。巴格达退让了，但从未放弃对该领土的正当要求。

英国夺取伊拉克领土--
它称之为科威特并给予其独立，必须被视为现代最大胆的海盗行为之一，并直接促成了海湾战争。我不遗余力地解释导致海湾战争的事件背景，说明美国对伊拉克的行为有**多么不公平，**以及300人委员会的力量。

以下是导致海湾战争的事件摘要。

1811-
1818.阿拉伯的瓦哈比派袭击并占领了麦加，但被埃及的苏丹强迫撤退。

1899年，11月25日。谢赫-穆巴拉克-
萨巴赫将鲁迈拉油田的一部分割让给英国。割让的土地被承认为伊拉克领土达400年之久。1914年之前，人口非常稀少。科威特成为英国的保护国。

1909-1915.英国人利用英国特勤局的托马斯-
劳伦斯上校与阿拉伯人交好。劳伦斯向阿拉伯人保证，埃德蒙-
艾伦比将军将阻止犹太人进入巴勒斯坦。劳伦斯没有被告知英国的真实意图。麦加的统治者侯赛因（Sheriff Hussein）组建了一支阿拉伯军队，以攻击土耳其人。奥斯曼帝国在巴勒斯坦和埃及的存在被摧毁。

1913.英国人秘密同意武装、训练和供应阿卜杜勒-
阿齐兹和瓦哈比家族，为征服阿拉伯城邦做准备。

1916.英国军队进入西奈半岛和巴勒斯坦。阿奇博尔德-
默里爵士向劳伦斯解释说，此举是为了防止犹太移民，侯赛因警长接受了这一点。侯赛因于6月27日宣布成立阿拉伯国家；他于10月29日成为国王。1916年11月6日，英国、法国和俄罗斯承认侯赛因为阿拉伯人民的领袖；12月15日，英国政府**确认。**

1916.在一个奇怪的举动中，英国人让印度承认内贾德、盖夫和朱拜尔等阿拉伯城邦是阿卜杜勒-阿齐兹的伊本-沙特家族的财产。

1917.英国军队占领巴格达。罗斯柴尔德勋爵签署了《贝尔福宣言》，他背叛了阿拉伯人，在巴勒斯坦为犹太人提供了家园。艾伦比将军占领了耶路撒冷。

1920.圣雷莫会议。土耳其的独立；解决石油争端。英国开始对中东地区石油资源丰富的国家进行控制。英国政府在巴士拉建立傀儡政权，由叙利亚国王费萨尔领导。伊本-沙特-阿卜杜勒-阿齐兹（Ibn Saud Abdul Aziz）进攻希贾兹的塔伊夫，经过四年的斗争才成功夺取了它。

1922.阿齐兹解雇了乔夫，并谋杀了沙兰家族的王朝。贝尔福宣言》得到了国际联盟的批准。

1923.土耳其、德国和法国反对英国对伊拉克的占领，呼吁在洛桑举行首脑会议。英国同意解放伊拉克，但保留摩苏尔油田，在伊拉克北部建立一个独立的实体。5月，英国人削弱了麦加警长侯赛因之子阿米尔-阿卜杜拉-伊本-侯赛因的权力，并将这个新国家称为 "外约旦"。

1924.10月13日，瓦哈比派和阿德布尔-阿齐兹袭击并占领了圣城麦加，即先知穆罕默德的埋葬地。侯赛因和他的两个儿子被迫逃亡。

1925.麦地那向伊本-沙特的部队投降。

1926.伊本-沙特宣称自己是希贾兹国王和内贾德苏丹。

1927.英国与伊本-沙特和瓦哈比派签订了条约，给予他们完全的行动自由，并承认被占领的城邦为其财产。这是英国石油公司和美国石油公司之间争夺石油特许权的开始。

1929.英国与伊拉克签署了新的友好条约，承认其独立，但对科威特的地位暂不考虑。在 "哭墙

"上，阿拉伯人首次对犹太移民进行了大规模的攻击，并提出了挑战。

1930.英国政府公布了**帕斯菲**尔德委员会的白皮书，其中建议立即停止向巴勒斯坦的犹太移民，并禁止向犹太定居者分配新土地，因为

"没有土地的阿拉伯人数量过多"。英国议会对该建议进行了修正，所采取的措施是象征性的。

1932.阿拉比亚更名为沙特阿拉伯。

1935.英国石油公司建造了一条从有争议的摩苏尔油田到海法港的管道。皮尔委员会向英国议会报告，犹太人和阿拉伯人永远不可能一起工作；建议对巴勒斯坦进行分治。

1936.沙特人与伊拉克签署了互不侵犯条约，但在海湾战争期间破坏了条约。沙特人决定支持美国，这样做是对以前与伊拉克**达成的**协议的不尊重。

1937.叙利亚的泛阿拉伯会议拒绝了皮尔委员会关于犹太人移民到巴勒斯坦的计划。英国人逮捕了阿拉伯领导人并将他们驱逐到塞舌尔。

1941.英国入侵伊朗，从德国手中　　　　　　　　"拯救"这个国家。丘吉尔成立了一个傀儡政府，听命于伦敦。

1946.英国给予外约旦独立，1949年改名为约旦哈希姆王国。广泛的、暴力的犹太**复国主**义反对意见随之而来。

1952.伊拉克发生了反对英国继续驻扎的严重暴乱，对美国与石油公司合谋的愤慨......

1953.约旦新政府命令英国军队离开该国。

1954.英国和美国批评约旦拒绝参加与以色列的停战谈判，导致约旦内阁垮台。美国第六舰队通过在黎巴嫩登陆海军陆战队威胁阿拉伯国家（战争行为）。侯赛因国王没有被**吓倒，他的反**应是谴责美国与以色列的密切关系。

1955.巴勒斯坦人在西岸发生骚乱　　　　　　　以色列宣布

"巴勒斯坦人是约旦人的问题"。

1959.伊拉克抗议科威特加入CETAN。指责沙特人**"帮助英帝国主**义"。英国对科威特的控制得到了加强。伊拉克的出海口被切断了。

1961.伊拉克总理卡西姆警告英国："科威特是伊拉克的土地，400年来一直如此"。**卡西姆随后被神秘地暗**杀。英国政府宣布科威特为独立国家。英国石油公司获得了对鲁迈拉油田大部分地区的控制权。科威特与英国签署友好条约。英国军队进驻，以应对可能来自伊拉克的攻击。

1962.英国和科威特结束防务协定。

1965.萨巴赫-萨利姆-萨巴赫王储成为科威特的埃米尔。

1967.伊拉克和约旦对以色列开战。沙特阿拉伯避免站队，但向约旦派遣了2万名士兵，他们被禁止参加战斗。

到现在，300委员会对中东经济的控制几乎已经完成。英国和美国所走的道路并不新鲜，而是由伯特兰-罗素勋爵开始的延伸。

> "为使世界政府顺利运作，必须满足某些经济条件。各**种原材料**对工业来说是必不可少的。其中，目前最重要的一项是石油。铀虽然不再需要用于战争目的，但很可能对核能的工业使用至关重要。对这些基本原材料的私人所有权是没有理由的--
> 我认为我们应该在不受欢迎的所有权中不仅包括个人或公司的所有权，也包括独立国家的所有权。没有工业就不可能有的原材料应该属于国际权威，并授予独立的国家"。

这是300人委员会的   "先知"发表的深刻言论，恰恰是在英国和美国对阿拉伯事务的干预达到顶峰的时候。请注意，罗素甚至在那时就知道不会有核战争。罗素赞成一个世界政府，或布什总统所说的世界新秩序。海湾战争是早期努力的延续，目的是将伊拉克石油的控制权从其合法所有者手中夺取，并代表300人委员会保护英国石油公司和其他石油卡特尔巨头的牢固地位。

贝尔福宣言》是英国人赖以成名的那种文件。1899年，他们将针对南非小布尔共和国的欺骗行为推向了新的高度。当**她**谈到和平时，已经被世界历史上最伟大的黄金发现之后涌向布尔共和国的数十万流浪者和捡破烂者所困扰，维多利亚女王正在为战争做准备。

海湾战争有两个主要原因：首先是RIIA和他们在CFR的美国表亲对所有穆斯林事物的仇恨，此外他们还强烈希望保护他们的代理人以色列。第二是肆无忌惮的贪婪和控制中东所有产油国的欲望。

至于战争本身，美国的演习至少在布什正式发动进攻的三年前就**开始了**。**美国先是武装伊拉克，然后煽**动它攻击伊朗，这场战争使两国都遭到了灭顶之灾："绞肉机战争"。这场战争旨在削弱伊拉克和伊朗，使其不再对英国和美国的石油利益**构成可信的威**胁，而且，作为一支军事力量，它们也不再对以色列构成威胁。

1981年，伊拉克向位于意大利布雷西亚的国家劳动银行（BNL）申请信贷额度，以便从一家意大利公司购买武器。这家公司随后向伊拉克出售地雷。然后，在1982年，美国总统罗纳德-
里根应国务院的要求，将伊拉克从支持恐怖主义的国家名单上删除。

1983年，美国农业部向伊拉克提供了3.65亿美元的贷款，表面上是为了购买农产品，但后来的事件表明，这些钱被用来购买军事装备。1985年，伊拉克与BNL乔治亚州的亚特兰大分部联系，要求它处理其从美国农业部商品信贷公司的贷款。

1986年1月，中央情报局和国家安全局（NSA）在华盛顿特区举行了一次高级别会议。讨论集中在美国是否应该与德黑兰政府分享其关于伊拉克的情报数据。当时的国家安全

局副局长罗伯特-
盖茨反对这一想法，但国家安全委员会推翻了他的意见。

直到1987年，布什总统才多次公开提及对伊拉克的支持，其中一次他说，"美国必须为未来与伊拉克建立强有力的关系"。此后不久，国家银行亚特兰大分行秘密地同意向伊拉克提供21亿美元的商业贷款。1989年，伊拉克和伊朗之间的敌对行动结束。

1989年，国务院情报机构编写的一份秘密备忘录警告国务卿詹姆斯-贝克。

> "伊拉克保留了其对外交事务的专制做法......并且正在努力（制造）化学和生物武器以及新的导弹"。

贝克对这份报告没有做任何实质性的工作，正如我们将看到的，他后来积极鼓励萨达姆-
侯赛因总统相信美国对其中东邻国的政策会是公正的。

同年4月，能源部的**一份关于核**扩散的报告指出，伊拉克已经开始了一个制造原子弹的项目。此后，6月，美国进出口银行（一家美国银行机构）、中央情报局和联邦储备银行联合编写了一份报告，根据该报告，一项联合研究显示，伊拉克正在整合美国技术

> "直接进入伊拉克计划中的导弹、坦克和装甲运兵车行业"。

1989年8月4日，联邦调查局搜查了BNL在亚特兰大的办公室。一些人怀疑，这样做是为了防止对向伊拉克提供的贷款是否被用于购买敏感的军事技术和其他军事知识，而不是用于农业部的目的进行任何真正的调查。

9月，在内部人士看来，这是一次为自己开脱责任的先发制人的行动，中情局向贝克报告说，伊拉克正在通过各种涉嫌与巴基斯坦最高层有联系的幌子公司获得制造核武器的能力。巴基斯坦长期以来一直被怀疑，甚至被美国原子能委员会指控制造核武器，导致与华盛顿的关系严重破裂，

这种关系被描述为 "处于历史最低点"。

1989年10月，国务院向贝克发送了一份 "损害控制 "备忘录，建议他 "撤销 "农业部对BNL研究人员的信贷计划。备忘录上有贝克的签名，有些人将此解释为对建议的认可。人们普遍认为，草签文件的行为标志着对文件内容和任何预期行动的批准。

此后不久，布什总统出人意料地签署了第26号国家安全指令，支持美国与伊拉克的贸易。"布什说："进入波斯湾和该地区的主要友好国家对美国的国家安全至关重要。这就证实，早在1989年10月，总统就允许自己表现得好像伊拉克是美国的盟友，而事实上与伊拉克的战争准备工作已经**开始**。

然后，1989年10月26日，就在布什宣布伊拉克为友好国家的三个多星期后，贝克打电话给农业部长克莱顿-叶特，要求他为伊拉克增加农业贸易信贷。作为回应，叶特命令他的部门为巴格达政府提供10亿美元的放心贸易信贷，尽管财政部表示了保留意见。

助理国务卿劳伦斯-伊格伯格向财政部保证，需要这笔钱是出于"地缘政治原因"。

> "我们在从黎巴嫩到中东和平进程（斜指以色列）等领域影**响伊拉克行**为的能力因贸易的扩大而得到加强，"伊格尔伯格说。

然而，这并不足以消除一些国会民主党人的怀疑和敌意，他们可能是对从以色列收到的信息作出反应。1990年1月，国会禁止向伊拉克和其他八个国会调查员认为对美国有敌意的国家提供贷款。这是对与伊拉克战争的宏伟计划的一个挫折，布什不希望国会知道这一点。因此，1990年1月17日，他将伊拉克从国会的禁令中豁免。

可能是担心国会的干预会扰乱战争计划，国务院专家约翰-

凯利向负责政策的副国务卿罗伯特-
基米特发送了一份备忘录，指责农业部拖延向伊拉克提供贷款的行为。1990年2月的这一事件具有重大意义，因为它表明总统急于完成对伊拉克的武器和技术供应，以防止战争时间表落空。

2月6日，纽约联邦储备银行负责监管BNL在美国的业务的律师詹姆斯-凯利（James
Kelly）写了一**份本**应引起极大关注的备忘录：联邦储备银行刑事调查员计划对意大利的访问被推迟。BNL曾援引了对意大利媒体的担忧。应司法部长理查德-
索恩堡的要求，推迟了对伊斯坦布尔的访问。

凯利在1990年2月的备忘录中说："部分内容。

> "......**关系的一个关键因素**，不批准贷款将助长萨达姆的偏执狂，加速他转向反对我们。"

如果我们不是已经知道对伊拉克的战争计划，这一最新声明似乎令人**惊**讶。如果美国担心侯赛因总统会"背叛我们"，它怎**么可能**继续武装他？从逻辑上讲，正确的做法应该是暂停拨款，而不是武装一个国务院认为可能会反对我们的国家。

1990年3月带来了一些惊人的发展。在亚特兰大联邦法院出示的文件显示，意大利驻华盛顿大使雷纳尔多-
佩特里尼亚尼（Reinaldo
Petrignani）告诉索恩堡，在BNL调查中指控意大利官员将"等同于打意大利人的脸"。彼得里尼亚尼和索恩堡后来否认发生过这次谈话。它证明了一件事：布什政府深度参与了BNL对伊拉克的贷款。

1990年4月，以副国家安全顾问罗伯特-
盖茨为首的国家安全委员会机构间代表委员会在白宫开会，讨论美国对伊拉克态度的可能改变--
这是以谎言进行外交的旋风中的一个新转折。

同月，在**另一个**显然是布什或国家安全局没有预料到的意外事件中，财政部拒绝了美国农业部的5亿美元拨款。1990年5月，财政部报告说，它收到了国家安全局的一份备忘录，反对其行动。备忘录称，国家安全局人员希望阻止农业信贷的发放

> "因为这将加剧与伊拉克已经紧张的外交政策关系"。

1990年7月25日，可能比300人委员会希望的更早，陷阱被**揭开了。在越来越多的失**败案例的鼓励下，布什总统允许美国大使艾普尔-

格拉斯皮与侯赛因总统会面。根据国会议员亨利-

冈萨雷斯获得的一些仍未披露的国务院电报，这次会议的目的是向萨达姆-

侯赛因总统保证，美国与他没有争执，不会干预阿拉伯国家间的边界争端。这显然是指伊拉克和科威特之间关于鲁迈拉油田的冲突。

伊拉克人把格拉斯皮的话当作华盛顿发出的信号，认为他们可以派军队进入科威特，从而参与了这一阴谋。正如罗斯-佩罗在1992年11月的选举中所说。

> "我建议，在一个由人民拥有的自由社会里，美国人民应该知道我们让格拉斯皮大使告诉萨达姆-
> 侯赛因什么，因为我们在这项工作中花了很多钱，冒着生命危险，失去了生命，却没有实现我们的大部分目标。"

与此同时，格拉斯皮从流通领域消失了，在有关她在伊拉克实践中的作用的消息传出后不久就被封存在一个秘密地点。最后，在媒体的推波助澜下，在两位自由派参议员的簇拥下，她出现在参议院委员会面前，否认了一切，他们表现得好像格拉斯皮是一个需要殷勤的花瓶。此后不久，格拉斯皮从国务院

"辞职"，毫无疑问，她现在生活在一个舒适的默默无闻的环境中，她应该被拉出来，在法庭上宣誓，并被迫就布什

政府如何计算欺骗不仅是伊拉克，还有这个国家的真相作证。

1990年7月29日，在格拉斯皮与伊拉克总统会晤的四天后，伊拉克**开始将其**军队转移到与科威特的边界，继续进行欺骗，布什派出一个小组到国会山作证，反对对伊拉克实施制裁，加强了侯赛因总统的信念，即华盛顿将对即将发生的对伊拉克的入侵视而不见。

两天后，1990年8月2日，伊拉克军队越过人工边界进入科威特。同样在8月，中央情报局在一份绝密报告中告诉布什，伊拉克不打算入侵沙特阿拉伯，伊拉克军队也没有制定任何入侵的应急计划。

1990年9月，意大利大使里纳尔多-佩特里尼亚尼（Rinaldo Petrignani）在BNL一些官员的陪同下，会见了司法部的检察官和调查员。在会议上，Petrignani说BNL是"一个可怕的欺诈行为的受害者--银行的良好声誉是非常重要的，因为意大利国家是主要所有者"。这些事实是在给众议院银行委员会主席亨利-冈萨雷斯的文件中披露的。

对于有经验的观察家来说，这只意味着一件事：一个阴谋正在进行中，让罗马和米兰的真凶脱身，而把责任推给当地的罪魁祸首。难怪采取了　　　　　　　　　　　　"无罪"的态度：后来，无可辩驳的证据浮出水面，表明BNL亚特兰大分部的贷款得到了BNL罗马和米兰总部的充分祝福。

1990年9月11日，布什召集国会联席会议，谎称1990年8月5日，伊拉克在科威特有15万军队和1500辆坦克，准备打击沙特阿拉伯。布什的声明是基于国防部转述的虚假信息。国防部一定知道这个信息是假的，否则它的KH11和KH12卫星就会出现故障，而我们知道它们没有故障。显然，布什需要夸大其词来说服国会，伊拉克对沙特阿拉伯构成威胁。

与此同时，俄罗斯军方发布了自己的卫星图像，显示了在科威特的部队的确切数量。为了替布什打掩护，华盛顿声称，这些卫星图像来自一颗商业卫星，该卫星已出售给美国广播公司电视台等。通过将卫星图像委托给一家商业公司，俄罗斯进行了一次自己的小欺骗。很明显，国防部和总统对美国人民撒了谎，现在正被卷入谎言之中。

当时，冈萨雷斯总统对布什政府可能卷入BNL丑闻提出了令人不舒服的问题。1990年9月，负责立法事务的助理总检察长给总检察长写了一份备忘录，其中说到。

> "我们阻挠众议院银行委员会对（BNL）贷款进行任何进一步的国会调查的最佳尝试是请你直接联系冈萨雷斯主席。"

9月26日，在收到备忘录的几天后，索恩堡打电话给冈萨雷斯，告诉他由于涉及国家安全问题，不要调查BNL案件。冈萨雷斯突然决定取消众议院银行委员会对BNL的调查。索恩堡后来否认告诉冈萨雷斯不要打扰BNL。冈萨雷斯很快就拿到了**一份日期**为12月18日的国务院备忘录，其中概述了索恩堡的 "国家安全"诉求。该备忘录还指出，司法部对BNL的调查没有引起任何国家安全问题或担忧。

此外，国防情报局宣布，其在意大利的团队了解到BNL的布雷西亚分部向伊拉克贷款2.55亿美元，用于向一家意大利制造商购买地雷。在宣布海湾战争 "盟军胜利"的当天，司法部如期起诉了BNL丑闻中的替罪羊。克里斯托弗-德罗古尔（Christopher Drogoul）被指控非法向伊拉克贷款50多亿美元并接受高达250万美元的回扣。很少有人相信，一个意大利国有银行的小分行里一个不起眼的贷款官员会有权力独自进行如此大的交易。

1990年1月至4月，随着要求布什政府解释无法律约束力丑闻中的明显反常现象的压力越来越大，国家安全委员会采取了封闭措施。4月8日，国家安全委员会的总顾问尼古拉

斯-
罗斯托召开了一次高级别会议，探讨如何应对众议院银行委员会主席冈萨雷斯等人提出的提供文件的迫切要求。

出席会议的有：C.布什的法律顾问博伊登-
格雷，国家安全局顾问弗雷德-
格林，中央情报局总顾问伊丽莎白-
林德科夫，以及代表农业部、国防部、司法部、财政部、能源部和商务部的众多律师。罗斯托在会议开始时警告说，国会似乎有意在战前探究布什政府与伊拉克的关系。

罗斯托告诉律师们，"国家安全委员会正在协调政府对国会要求提供与伊拉克有关的文件的回应"，并补充说，任何来自国会的文件要求都必须经过"行政特权、国家安全等问题"的审查。应探索提供文件的替代方法。这一信息最终由冈萨雷斯获得。

政府原本强有力的阻挠政策开始出现裂痕。1990年6月4日，商务部官员承认，他们压制了出口文件上的信息，以掩盖该部实际上已批准向伊拉克运送军事设备和技术的出口许可证的事实。

更大的裂痕在7月开始出现，当时中央情报局国会联络官斯坦利-莫斯科维茨（Stanley
Moskowitz）报告说，BNL在罗马的银行官员不仅在德罗古尔被起诉之前很清楚亚特兰大分行发生的事情，而且事实上已经签署并批准了伊拉克贷款。这与佩特里尼亚尼大使对司法部的陈述直接矛盾，他说BNL罗马办事处对其亚特兰大分部提供的伊拉克贷款一无所知。

另一个令人惊讶的转折是，1992年5月，司法部长威廉-
巴尔（William
Barr）给冈萨雷斯写了一封信，指责冈萨雷斯泄露政府对伊拉克的政策而损害了
"国家安全利益"。尽管指控很严重，但巴尔没有提供任何证实来支持这一指控。很明显，总统被激怒了，11月的选

举很快就会到来。冈萨雷斯没有忘记这一点，他称巴尔的指控是 "出于政治动机"。

1992年6月2日，德鲁格承认犯有银行欺诈罪。不满的马文-肖巴斯法官要求司法部任命一名特别检察官来调查整个BNL案件。但在1992年7月24日，随着中央情报局局长罗伯特-盖茨的一封信，对冈萨雷斯的攻击重新开始。他批评总统披露了中情局和其他一些美国情报机构在海湾战争前就知道布什政府与伊拉克的交易的事实。当月晚些时候。盖茨的信是由众议院银行委员会公开的。

8月，联邦调查局亚特兰大办事处的前负责人公开指责司法部在BNL案中拖延时间，并将起诉书推迟了近一年。而在1992年8月10日，巴尔拒绝按照众议院司法委员会的要求，任命一名特别检察官来调查布什政府在海湾战争前与伊拉克的交易情况。

然后，9月4日，巴尔给众议院银行委员会写了一封信，表示他不会遵守该委员会关于BNL文件和相关信息的传票。很快就可以看出，巴尔一定是指示所有政府机构拒绝与众议院银行委员会合作，因为在巴尔的信发表后四天，中央情报局、国防情报局、海关总署、商务部和国家安全局都表示，他们不打算回应有关BNL事宜的信息和文件请求。

冈萨雷斯把这场战斗带到了众议院，并透露，根据中央情报局1991年7月的报告，很明显，BNL在罗马的管理层知道并批准了从亚特兰大分部向伊拉克提供贷款。亚特兰大的联邦检察官们被这一极具破坏性的信息惊呆了。

1991年9月17日，在一次明显的损害控制努力中，中央情报局和司法部同意告诉亚特兰大的联邦检察官，他们所掌握的关于BNL的唯一信息已经公开，这是一个公然的、鲁莽的谎言，其后果令人震惊。急于为自己和自己的部门开脱罪责是选举前每个新闻频道播出的所有指控和内讧的根源。

布什知道自己在任期的最后一百天里，大部分时间都在拼命掩盖他周围爆发的丑闻，于是他得到了一条救命稻草：媒体同意不报道这一阴谋的细节。'国家安全'的烟幕已经完成了工作。

为了继续努力与参与BNL-伊拉克门事件的其他各方保持距离，司法部同意不久将公布**极具破坏性的文件**，显示中央情报局事先知道BNL罗马办事处对伊拉克贷款的"绿灯"。该信息随后被传递给了舒布法官，他先前对德鲁戈尔的起诉的怀疑似乎是合理的。

然后，1992年9月23日，冈萨雷斯宣布，他收到的机密文件清楚地表明，1991年1月，中央情报局知道BNL在高层批准了伊拉克的贷款。冈萨雷斯在信中对盖茨向亚特兰大的联邦检察官谎称BNL的罗马办事处不知道其亚特兰大分部在做什**么表示关切**。

参议院情报委员会还指控盖茨在中情局对BNL事件的了解程度上误导了司法部、联邦检察官和舒布法官。司法部允许德罗古尔先生在10月1日撤回他的认罪，^{er} 。唯一一场由**众**议院银行委员会主席针对布什政府进行的战斗并取得了胜利，但媒体出于对共和党党团意愿的尊重和保护布什这个他最喜欢的儿子之一而忽略了这场战斗。

几天后，舒布法官退出了BNL案。他说，他的结论是

> "美国情报机构很可能知道BNL-Atlanta公司与伊拉克的**关系**......中央情报局在试图发现有**关其了解或参与**BNL-Atlanta公司资助伊拉克的信息方面仍然不合作。"

这一信息的来源一开始无法透露，但其要点后来出现在 《纽约时报》发表的一篇报道中。

当参议员大卫-博伦（David Boren）指控中情局隐瞒和欺骗司法部官员时，出现了一个重大进展。在答复中，中情局承认它在9月**份的**报告中向司法部提供了虚假信息--

这不是一个重大的承认，因为冈萨雷斯等人已经有了这方面的证据。中情局说这是一个诚实的错误。该机构说，"没有试图误导任何人或掩盖任何事情"。中情局也不情愿地承认，它没有公布它拥有的关于BNL的所有文件。

第二天，中央情报局的首席律师林德科夫先生（他参加了1991年由国家安全局的尼古拉斯-罗斯托组织的简报会，以限制损失）重复了 "诚实的错误"的说法，称此案是由于档案系统的错误造成的 "当然令人遗憾的错误"。这就是中情局首席顾问能想出的最好的借口吗？博伦参议员和冈萨雷斯众议员都没有被说服。

应该记住，1991年由尼古拉斯-罗斯托召开的会议的真正目的是控制对所有可能揭示布什政府和巴格达政府之间真实关系的政府文件和信息的获取。当然，那些负责试图打破围绕这些信息的围墙的人有权利对林德科普夫关于错误归档的蹩脚借口持非常怀疑的态度。

1992年10月8日，中央情报局官员被传唤在参议院情报委员会的一次非公开会议上作证，罗斯托的损害控制努力再次受到打击。根据与委员会关系密切的人士提供的信息，中情局官员的日子并不好过，最后指责国务院，声称国务院隐瞒了信息，然后在司法部一名高级官员的坚持下提供了关于BNL-亚特兰大的误导性信息。

1992年10月9日发布了一份官方否认声明，国务院拒绝承担要求中情局不向亚特兰大的检察官公布BNL相关文件的责任。司法部随后发起了自己的指控，指责中情局胡乱地交出一些机密文件，并隐瞒其他文件。参议院特别情报委员会同意对这些指控和反指控展开自己的调查。

很明显，出席1991年4月8日会议的所有各方都试图与本案保持距离。然后，10月10日，联邦调查局宣布，它也将调查BNL-

亚特兰大事件。中情局否认它曾向参议院情报委员会承认它应司法部的特别要求扣留了信息。

这些奇怪的事件接二连三地发生，以至于每天都有这样或那样的政府机构宣布指控，一直持续到1992年10月14日。10月11日，司法部宣布其职业责任办公室将在联邦调查局的协助下调查自己和中央情报局。助理司法部长罗伯特-S-穆勒三世（Robert   S.   Meuller III）是司法部公共诚信科的发言人，被安排负责。来自参议员大卫-博伦办公室的信息表明，穆勒直接参与了向亚特兰大的联邦检察官隐瞒信息。

1992年10月12日，就在联邦调查局宣布将对BNL事件进行自己的调查两天后，美国广播公司新闻声称收到消息，联邦调查局局长威廉-塞申斯正在接受司法部职业责任办公室的调查。这些指控包括滥用政府飞机、由政府出资在他家周围修建围墙以及滥用电话特权--这些都与BNL案件没有任何**关系**。

美国广播公司的报道是在联邦调查局于10月10日宣布将调查BNL案件之后进行的。这是在试图向塞申斯施压，让他取消承诺的联邦调查局调查。博伦参议员告诉记者。

"对塞申斯法官的指控的时间使我怀疑是否有人试图向他施压，不让他进行独立调查。"

其他人指出，塞申斯在10月11日的声明中说，他的调查不会寻求司法部官员的协助，因为他们自己可能也在接受调查。"司法部不会参与（联邦调查局）的调查，联邦调查局不会分享信息，"塞申斯说。在竞选连任的最后几天，布什继续断然否认他对伊拉克门或伊朗/康特拉丑闻有任何个人认识或参与。

1992年10月12日，参议院情报特别委员会成员霍华德-梅岑鲍姆（Howard Metzenbaum）参议员写信给司法部长巴尔（Barr），要求任命一名特别检察官，这对总统来说，事情出了问题。

> "...鉴于非常高级的官员很可能知道或参与了为BNL-罗马免除其在BNL-亚特兰大活动中的共谋的努力，行政部门的任何部门都不能在不出现至少是利益冲突的情况下调查美国政府在此问题上的行为。"

梅岑鲍姆在信中说，有证据表明"美国政府秘密参与了对伊拉克的武器销售"，这些证据来自亚特兰大的法庭诉讼。冈萨雷斯给巴尔写了一封严厉的信，要求任命一名特别检察官来处理

> "冈萨雷斯说："解决司法部领导层一再出现的明显失误和阻挠......最好的办法是做正确的事情，提交辞呈。

然后，10月14日，参议员博伦写信给巴尔，要求他任命一名独立的特别检察官。

> "需要进行真正的独立调查，以确定政府在处理BNL案件时是否犯下了联邦罪行。"

博伦继续声称，司法部和中央情报局参与了对BNL案件的掩盖。第二天，中央情报局公布了其驻罗马站长的一份电报，其中引用了一个身份不明的消息来源，指责意大利和美国的高级官员受到贿赂，显然是为了防止他们说出他们所知道的关于BNL-亚特兰大案件的情况。

随后，围绕布什政府的暴风雨出现了五天的平静，直到参议院特别委员会开始调查对中央情报局和国家安全局利用幌子公司向伊拉克提供军事设备和技术的指控，这违反了联邦法律。参议院司法委员会的一些民主党人还呼吁巴尔任命一名独立检察官，他再次拒绝这样做。

特别检察官劳伦斯-沃尔什（Lawrence Walsh）对前国防部长卡斯帕-温伯格（Caspar Weinberger）发出起诉书，指控他向国会撒谎，布什正在为自己的政治生命而奋斗。据华盛顿的消息来源称，"白宫里

一片混乱"。温伯格则表示，他不会为总统扮演替罪羊的角色。根据一个消息来源，C.Boyden Gray告诉总统，他唯一可以采取的行动是赦免温伯格。

因此，1992年圣诞节前夕，布什赦免了温伯格和伊朗/康特拉丑闻中的其他五个关键人物。前国家安全顾问罗伯特-麦克法兰，中情局特工克莱尔-乔治、杜安-克拉里奇和艾伦-费尔斯，以及前副国务卿艾略特-艾布拉姆斯。布什的宽大处理有效地保护了他不受沃尔什的影响，扼杀了对伊朗/康特拉的调查。至于克林顿，到目前为止，他还没有表现出对任命特别检察官的优先兴趣。

沃尔什很快向媒体表达了他的愤怒。总统的宽大处理

> "表明有权势的人与有权势的盟友可以在身居高位时犯下严重的罪行--故意滥用公众的信任而不承担后果......持续了六年的伊朗/康特拉事件的掩盖，现在已经结束。本办公室在最近**两周**，即1992年12月11日才被告知，布什总统没有向调查人员出示他的高度相关的同时期笔记（布什的日记），尽管一再要求提供此类文件......鉴于布什总统自己扣留他的**每日日记**的不当行为，我们对他决定赦免其他向国会撒谎和阻挠官方调查的人感到严重关切。"

也许沃尔什不知道他正在卷入什么，或者说，掩盖真相的时间比他怀疑的要长得多。以色列特工Ben-Menashe的案件就是一个很好的例子。**众**议院的"十月**惊奇**"工作组认为不适合传唤本-梅纳什作为证人。如果委员会这样做了，它就会了解到本-梅纳什曾向《时代》杂志记者拉杰-萨姆哈巴迪（Rajai Samghabadi）讲述了1980年以色列和伊朗之间的一笔大型"秘密"武器交易。

在1989年对本-梅纳什的审判中，萨姆哈巴迪为他作证，据说以色列向伊朗非法出售巨额武器的故事被反复提供给《时代》杂志，尽管为《时代》杂志工作的前中央情报局特工布鲁斯-范-

沃尔斯特证实了这一点，但该杂志拒绝刊登。沃尔什似乎不知道，以300人委员会为首的东海岸自由派机构并不关心法律，因为法律是他们制定的。

当参议员尤金-麦卡锡试图将威廉-邦迪带到他的委员会面前时，沃尔什也遇到了同样的砖墙，他只得到了约翰-福斯特-杜勒斯。毫不奇怪，沃尔什并不成功，尤其是在对付骷髅会的时候。[5]麦卡锡曾试图让杜勒斯就中情局的一些活动作证，但他拒绝合作。

R.詹姆斯-伍尔西，这个被克林顿任命为中央情报局局长的人，他是否会做任何事情来将罪犯绳之以法？伍尔西是国家安全俱乐部的成员，作为国家安全委员会成员在亨利-基辛格手下工作，并在卡特政府中担任海军副部长。他还曾在许多委员会任职，并成为莱斯-阿斯平和阿尔伯特-戈尔的亲密伙伴。

伍尔西的另一个亲密朋友是戴夫-麦克莫迪，他是众议院情报委员会的成员，也是克林顿的重要顾问。伍尔西的职业是律师，他是Shae和Gardner律师事务所的合伙人，在此期间，他作为外国代理人--没有向参议院登记。伍尔西还与中央情报局的一名高级官员有长期的律师和客户关系。

伍尔西最引人注目的客户之一是查尔斯-艾伦（Charles Allen），他是位于弗吉尼亚州兰利的中央情报局总部的国家情报官员。在一份关于伊朗/康特拉丑闻的内部调查报告中，艾伦被他的上司威廉-韦伯斯特指控隐瞒证据。看来艾伦从未交出他与伊朗/康特拉事件的中间人马努切-戈尔巴尼法尔的所有关系文件。韦伯斯特威胁艾伦，艾伦向伍尔西寻求帮助，说他犯了

---

[5]骷髅会秘密组织的成员。

"一个简单的错误"。当塞申斯发现艾伦是由伍尔西代理时，他放弃了这个案子。接近此事的人说，随着伍尔西执掌中情局，其他未被布什赦免的人将在伍尔西那里找到一扇"**敞开的大门**"。

III.美国的石油政策

美国在外国的石油政策提供了一个连贯的通过谎言进行外交的故事。在为本书研究国务院文件时，我发现了许多文件，这些文件公开宣称支持墨西哥的标准石油公司和中东的美国石油公司。然后我清楚地认识到，国务院在外国石油领域参与了一个巨大的欺骗性外交阴谋。

国务院于1919年8月16日向所有驻外领事和使馆发出指令，要求进行大规模的间谍活动，并加倍派遣外事人员协助美国主要石油公司。

> "先生们：确保足够的碳氢化合物供应以满足美国目前和未来的需求的**极端重要性已**经引起了该部的注意。在世界许多地方，各国国民都在积极开发已探明的矿藏和勘探新的地区，并积极寻求矿权的特许权。最好能掌握**关于美国公民或其他人的**这些活动的最完整和最新的信息。

> "因此，**你有**责任不时地获取并及时传递有关石油租约、石油财产所有权的变化或参与石油生产或分销的公司的所有权或控制权的重大变化的信息。

> "还应该提供有关开发新油田或增加开采生产地区的信息。希望有全面的数据，报告不应局限于上述特别提到的项目，而应包括有关可能不时出现的影响矿物油行业的所有利益事项的信息......"

这一指令是在与墨西哥政府进行了长期而激烈的斗争后发布的。正如我们在下面的故事中所看到的，标准石油公司的总裁A.C.贝德福德曾要求美国政府介入。

> "任何获得和开采海外石油财产的适当外交支持都应得

到政府的支持。"

联邦贸易委员会很快建议对这些石油公司在国外提供 "外交支持"。

查尔斯-埃文斯-
休斯也在柯立芝联邦石油保护委员会作证，坚持认为国务院和石油公司的政策应该是同义的。

> "国务院一贯奉行的以'门户开放'为表述的政府外交政策，使我们美国的海外利益得到了明智的促进，我们人民的需求在很大程度上得到了**适当的保障。**

这确实意味着，政府和私人石油利益集团的合并是必要的。埃文斯恰好是美国石油协会和标准石油公司的顾问，这并不是巧合。

教科书式的案例：墨西哥石油开采

墨西哥石油**开采的**历史也是实现这一目标的一个例子。征服墨西哥的主要自然资源--它的石油--
仍然是美国历史上一个丑陋和公开的污点。

石油是由英国建筑业巨头韦特曼-
皮尔逊在墨西哥发现的，他的公司是300人委员会的全球公司网络的一部分。
皮尔逊没有从事石油业务，但他得到了英国石油公司的支持，特别是荷兰皇家壳牌公司。他很快成为墨西哥最大的生产商。

墨西哥总统波菲里奥-
迪亚兹正式授予皮尔逊独家石油勘探权，此前他已经将 "独家权利   "交给了标准石油公司的爱德华-
达霍尼，后者被称为
"墨西哥石油沙皇"。正如我们将看到的，迪亚兹为他的精英主义支持者的利益而战。他还坚定地受到达霍尼和沃伦-
哈定总统的影响。

这可以追溯到1848年的《瓜达卢佩-
伊达尔戈条约》，根据该条约，墨西哥以1500万美元的价
格向美国割让了上加利福尼亚、新墨西哥和索诺拉北部、
科阿韦拉和坦普利斯。德州在1845年被美国**吞并**。**吞并德**
克萨斯州的主要原因之一是，地质学家知道其土地下蕴藏
着大量的石油。

1876年，迪亚兹推翻了莱奥多-德-
特哈**达**，1877年5月2日，他被宣布为墨西哥的总统。除了
四年（1880-
1884），他一直任职到1911年。迪亚兹在其独裁统治期间
稳定了财政，开展了工业项目，修建了铁路，增加了贸易
，同时对那些让他掌权的人保持忠诚。墨西哥的　　"皇室
"与英国和欧洲的皇室密切相**关**。

正是1884年11月22日颁布的新采矿法，为皮尔逊开始开采
石油打**开了大**门。与旧的西班牙法律不同，新的法律规定
，产权证书带有底土产品的所有权。它还允许属于印第安
人和混血儿的公有土地转入墨西哥150万　　　　"上层阶级
"的手中。正是在这种情况下，迪亚斯开始向外国投资者提
供优惠。

第一个获得特许权的是内政部长阿尔伯特-
法尔和哈定总统的亲密伙伴达霍尼，达霍尼曾为他的竞选
活动提供大量资金。哈丁的内阁包括不少于四名石油工人
，包括法尔。1900年，**达霍尼以32.5万**美元的价格购买了图
利洛庄**园的**28万英亩土地。作为对迪亚斯总统的
"奖励"，**达霍尼**简直可以窃取土地，或以低得离谱的价格
购买土地。

经过四年的运作，达荷尼公司生产了从墨西哥流出的22万
桶石油中的大部分。**达霍尼**认为自己已经站稳脚跟，在美
国政府的指示下，拒绝增加对迪亚斯总统的
"奖励"，尽管波特雷罗和塞罗阿苏尔油田每周的产量超过
了一百万美元。这种态度是相当典型的约翰-
D.的自私贪婪，这是贯穿洛克菲勒家族的一种倾向。这时

，对达霍尼不满的迪亚兹给了皮尔逊一个
"一次性的让步"。到1910年，皮尔逊的墨西哥鹰公司已经
获得了墨西哥总产量的58%。

作为回应，洛克菲勒下令炸毁皮尔森的水井，他的工人被
他的钱财所武装的农民袭击。大批土匪被武装和训练起来
，以破坏墨西哥鹰的管道和石油设施。在约翰-D-
洛克菲勒对皮尔逊的战争中，威廉-"多克"-艾利-
洛克菲勒传授的所有邪恶伎俩都浮出水面。

但事实证明，皮尔逊不只是洛克菲勒的对手，他以类似的
策略进行反击。洛克菲勒计算着墨西哥没有足够的石油来
继续战斗（结果证明这是一个大错误），于是他退出了，
把战场留给了皮尔逊。后来，约翰-D-
对他退出战斗的决定感到后悔，并将标准组织的资源用于
在墨西哥制造血腥混乱。在那个国家，动乱被称为
"墨西哥革命"，没有人理解。

为了表彰他对英国石油利益的贡献，皮尔逊被授予
"考德利勋爵
"的头衔，并以这个名字闻名。他还成为300人委员会的永
久成员。考德雷勋爵与威尔逊总统关系良好，但在幕后，
约翰-
D.正试图破坏这种关系，恢复对墨西哥石油的开采。然而
，考德雷勋爵决心将墨西哥石油的大部分利润留在英国政
府的国库里。

伦敦和华盛顿的石油外交在积极性方面差别不大。其动机
和方法保持了明显的不变。毕竟，国际力量首先仍然是经
济力量。1928年1月21日，布鲁克林海军船坞的指挥官查尔
斯-普伦基特少将在为卡尔文-
柯立芝总统的8亿美元海军计划辩护时泄漏了消息，他说。

　　　　"商业和工业效率的惩罚不可避免地是战争。

这是指海军船只对石油的巨大需求。普伦克特看中了墨西
哥的石油。

从逻辑上讲，控制世界商品资产的国家就能管理它。当英国拥有一支庞大的海军，它需要保持其世界贸易是英国在产油国行动的关键。美国很快就学会了，特别是在杜勒斯的幻影家族到来之后，我们将看到。

让我们回到墨西哥，1911年迪亚斯被弗朗西斯科-马德罗赶下台，并发现标准石油公司在这一发展中发挥的作用。维多利亚诺-韦尔托将军宣布他打算重新控制墨西哥的石油，这使英国的石油利益集团感到震惊，英国人要求考德雷勋爵（当时他已将他在墨西哥的业务出售给壳牌公司）说服威尔逊总统帮助他们推翻韦尔塔。

这是一个好主意，因为英国人知道，标准石油公司是1911年推翻迪亚斯总统的马德罗革命的幕后推手。标准石油公司认为有必要进行一场革命，以结束英国对   "他们的"墨西哥石油的掠夺。1911年11月6日成为墨西哥总统的弗朗西斯科-马德罗对拉拢他的力量知之甚少，他玩起了政治游戏，没有意识到政治完全基于经济。但取代他的韦尔塔知道游戏是如何进行的。

标准石油公司在很大程度上参与了波菲里奥-迪亚兹的倒台。在1913年参议院外交关系委员会的听证会上，一些证人提供的证词将达霍尼和标准石油公司卷入了对1911年马德罗革命的资助。其中一位证人劳伦斯-E-匡威告诉委员会成员的内容远远超过标准希望他们听到的内容。

> "马德罗先生告诉我，只要叛军（马德罗的部队）表现得好，埃尔帕索（得克萨斯州）的几个大银行家就准备给他预付款。我相信这笔钱是10万美元，标准石油利益集团已经买下了墨西哥临时政府......他们（冈萨雷斯州长和埃尔南德斯国务卿）说，标准石油利益集团在支持马德罗的革命......"

威尔逊政府急于限制考德雷的让步，与马德罗政府建立了
外交关系，命令对任何反革命分子实行武器禁运。豪斯上
校（伍德罗-威尔逊的控制人）在弗朗西斯科-
韦尔塔推翻马德罗时，将考德雷作为反派。"我们不喜欢他
（考德雷），因为我们认为在他和卡登（英国驻墨西哥公
使莱昂内尔-
卡登爵士）之间，我们的很多问题被延续了，"豪斯说。

豪斯上校正**确地指**责韦尔塔是被英国人拉上台的，这样就
可以通过考德雷勋爵扩大石油开采来减少标准的优惠。威
尔逊总统拒绝承认韦尔塔政府，尽管英国和其他大国承认
。威尔逊说。

> "我们不能同情那些试图夺取政府权力以推进其个人利
> 益或野心的人。"

300人委员会的发言人告诉威尔逊总统，"**你听起来像一个
标准石油商**"。提出了这个问题。

> "...与美国和英国的亲密友谊相比，墨西哥的石油或贸易
> 代表了什**么？两国**应该就这一基本原则达成一致--
> 让他们的石油利益集团进行自己的战斗，包括法律和金
> 融方面的战斗。"

与威尔逊总统关系密切的人说，英国情报部门军情六处发
现了他与墨西哥标准公司的直接联系，这开始损害了他作
为民主党总统的形象，他明显受到了震动。豪斯警告他，
如果美国（包括标准石油公司）不坚持自己的立场，整个
拉丁美洲都会感受到韦尔托在反抗美国权力方面树立的榜
样。对于一个   "自由派民主党人
"来说，这是一个美丽的难题。

内政部长法尔敦促美国参议院向墨西哥派遣美国军队以
"保护美国人的生命和财产"。布什总统也用这个理由把美
国军队派往沙特阿拉伯，以   "保护
"英国石油公司及其雇员的生命和财产，更不用说他自己家
族的企业--

萨帕塔石油公司。萨帕塔是最早与科威特的萨巴赫人交好的美国石油公司之一。

1913年，美国参议院外交关系委员会就其所谓的"墨西哥的革命"召开了听证会。当时的美国公众和现在一样，不知道发生了什么，被报纸引导着相信大量的"疯狂的墨西哥人到处乱跑，互相射击"。

作为专家证人出庭的达霍尼，在隐晦地要求华盛顿政府使用武力扣留韦尔塔时相当抒情。他说。

> "...在我看来，美国必须利用其公民的进取心、能力和开拓精神，获得、拥有并保留世界石油储备的合理份额。如果他们不这样做，他们会发现，不在美国领土范围内的石油储备将迅速被其他国家的公民和政府获得......"。

我们似乎在更近的时期听到过类似的话，当时"疯子"萨达姆-侯赛因被说成是对世界石油供应构成威胁。法尔部长在参议院补充了他关于武装入侵墨西哥的呼吁。

> "......并将他们的援助（即美国军队）用于恢复这个不幸的国家的秩序和维持和平，以及将行政职能交给有能力和爱国的墨西哥公民手中。"

标准石油公司的达洪尼和法尔部长对参议院和美国人民实施的欺骗行为与布什在对伊拉克发动非法战争之前和期间的言论有着惊人的相似之处。布什宣称，美国士兵有必要"为科威特带来民主"。

事实是，对于科威特的萨巴赫独裁者来说，民主是一个完全陌生的概念。

一旦美国设法为英国石油公司拿回了科威特（这是300人委员会的信使在访问威尔逊总统时谈到的美英之间特殊友谊的一个例子），布什就把注意力转向了"可悲和不幸的伊拉克国家"。

像威尔逊一样，他认为应该清除
"暴君韦尔塔"，恢复墨西哥，以
"通过将行政职能交给有能力和爱国的墨西哥公民来确保这个不幸的国家的秩序和和平"，布什使用类似的公式，宣布美国应该摆脱 "暴君萨达姆"（有意的拼写错误）。

美国人很快就相信，侯赛因总统是所有伊拉克问题的根源，这是豪斯上校通过威尔逊告诉美国人民的关于墨西哥总统韦尔塔的事情。在这两种情况下，墨西哥和伊拉克的共同点都是石油和贪婪。今天，外交关系委员会的国务卿沃伦-克里斯托弗取代了达霍尼、法尔和布什，并延续了必须打倒侯赛因以拯救伊拉克人民的说法。

克里斯托弗只是继续用谎言来掩盖300人委员会彻底占领伊拉克油田的目标。这与威尔逊对韦尔塔的政策没有区别。

1912年，威尔逊把   "韦尔塔威胁
"说成是对巴拿马运河的威胁，而布什则把侯赛因说成是对来自沙特阿拉伯的美国石油供应的威胁。在这两种情况下，这都不是事实：威尔逊谎称巴拿马运河受到
"威胁"，而布什则谎称伊拉克军队   "正在入侵
"沙特阿拉伯。在这两种情况下，不存在这种威胁。威尔逊对赫塔的口头攻击是在盟国石油理事会的一次演讲中公开的。

在豪斯上校为他准备的一份演讲中，威尔逊告诉国会，墨西哥是 "对美国利益的永久危险"。

> "威尔逊说："墨西哥目前的局势与履行墨西哥的国际义务、与墨西哥本身的文明发展以及与维持中美洲可容忍的政治和经济状况不相容。

> "墨西哥终于成为世界瞩目的地方。中美洲即将受到全球贸易大通道和从海岸到地峡的交汇点的冲击……"

事实上，威尔逊宣布，从现在起，美国石油公司的政策将成为美利坚合众国的政策。

威尔逊总统完全受制于华尔街和标准石油公司。尽管1911年5月1日[er]，最高法院下令对标准石油公司采取反托拉斯行动，但他指示美国驻中美洲和墨西哥的领事

"向当局传达这样的想法：任何对美国人的虐待都有可能引起干预的问题"。这句话出自国务院的一份长篇文件，以及参议院外交关系委员会1913年举行的听证会。

在这个信息之后，威尔逊要求国务卿威廉-布莱恩明**确表示**，**他希望**韦尔塔总统迅速离开。

"很明显，韦尔塔有责任立即从墨西哥政府下台，美国政府现在必须使用一切必要手段来实现这一结果。

威尔逊以帝国主义美国的最佳风格，在1912年11月12日又对韦尔塔总统提出了指控。

"如果韦尔塔将军不通过武力撤离，美国有责任使用不太和平的手段将他赶走"。

威尔逊的好战言论更加令人震惊，因为它是在韦尔塔总统获得连任的和平选举之后发生的。

人们可能会问，如果巴拿马的情况如此，为什么约翰-D.的继承人大卫-洛克菲勒如此努力地争取将巴拿马运河交给托里霍斯上校，但这是另一章的主题，标题是《巴拿马和卡特-托里霍斯欺诈性条约》。

难怪当时的美国人民接受了威尔逊对墨西哥的好战攻击，这种攻击被薄薄地伪装成 "爱国"并符合美国的利益。毕竟，大部分人，我相信是87%的美国人，不是完全支持布什对伊拉克的攻击吗，我们不是因为允许对伊拉克的不人道和完全不合理的禁运而有罪吗？

我们不应该对威尔逊和布什的言论的相似性感到惊讶，因为两人都是由我们的高级别平行秘密政府控制的，[6]，就像

---

[6]著名的 "深层国家"。

克林顿是由伦敦的查塔姆大厦控制的一样，由帕梅拉-
哈里曼女士控制。难怪沃伦-
克里斯托弗要继续对伊拉克撒大谎。石油和贪婪是1993年
的决定因素，就像1912年一样。我在这里对威尔逊提出的
指控，作者安东-
莫尔在他的《石油战争》一书中有详细记录。

正是美国在1912年对墨西哥造成了最大的损害，使其陷入
了一场被错误地描述为   "革命
"的内战，正如我们是在1991年对伊拉克造成最大损害的国
家，并继续这样做，无视我们的宪法，而那些发誓要维护
宪法的国会议员却悲惨地、悲惨地没有做到这一点。

布莱恩部长告诉不喜欢在墨西哥发生的事情的欧洲列强，
他说

> "如果把墨西哥留给目前在那里作战的部队，和平、财
> 产安全和迅速支付外国债务的前景就更有希望"。

这是一个典型的通过撒谎进行外交的例子。布莱恩没有告
诉欧洲人的是，他远没有把墨西哥'抛弃给当权者'，而是没
有。威尔逊已经开始通过实施金融和武器禁运来孤立韦尔
塔。同时，他武装并资助了韦努斯蒂亚诺-
卡兰萨和弗朗西斯科-
比利亚控制的部队，并鼓励他们推翻韦尔塔将军。

1914年4月9日，美国领事在坦皮科上演了一场危机，导致
一群美国海军陆战队员被捕。美国政府要求其道歉，在没
有得到道歉的情况下，中断了与韦尔塔政府的联系。到4月
21日，事件已经升级到美军被命令向维拉克鲁斯进军的地
步。

通过利用坦皮科事件，威尔逊能够证明向维拉克鲁斯派遣
美国海军部队是合理的。韦尔塔提出将维拉克鲁斯案提交
给海牙法庭，但被威尔逊拒绝。与他的继任者布什一样，
在侯赛因总统的问题上，威尔逊不允许任何东西阻挡韦尔
塔将军的统治结束。在这一点上，威尔逊得到了标准石油

公司**达霍尼的大力**协助，他告诉威尔逊和布莱恩，他已经给了叛军卡兰萨10万美元的现金和68.5万美元的燃料信贷。

1914年中期，墨西哥因威尔逊总统对其事务的干预而陷入全面混乱。7月5日，韦尔塔通过民众投票当选为总统，但他于7月11日辞职，因为很明显，只要威尔逊掌握墨西哥政府的权力，他就会煽动动乱。

一个月后，奥布雷贡将军控制了墨西哥城，任命卡兰萨为总统。但在北方，弗朗西斯科-
比利亚成为了一个独裁者。比利亚反对卡兰萨，但美国还是承认了卡兰萨。拉丁美洲国家现在害怕美国的干预，比利亚的部队和美军在卡里萨尔的战斗加强了这一点。

由于拉丁美洲的呼声，特别是考虑到他的拉丁美洲顾问的反应，威尔逊于1917年2月5日下令从墨西哥撤出美国军队。**卡兰萨**让他的美国支持者们失望了，因为他没有做任何事情来**帮助他**们的事业。相反，他试图为1911年的革命辩护，他说这是维护墨西哥完整所必需的。这并不是美国石油公司命令他说的。

1917年1月，新的墨西哥宪法准备就绪，这对标准石油公司和考德雷的公司来说是一个冲击。卡兰萨当选为四年。新宪法实际上宣布石油是墨西哥人民不可剥夺的自然资源，于1918年2月19日生效，还对石油土地和1917年5月1日^{er}前签订的合同征收新税。

这个所谓的美国文件第27条所**涉及的**额外税收是'没收性的'，基本上是鼓励在墨西哥的美国公司不交税。**卡兰萨**政府在华盛顿回应说，征税是 "墨西哥的主权国家"的事情。无论美国国务院如何努力，都无法改变卡兰萨的想法：墨西哥的石油属于墨西哥，如果外国人还可以投资，他们只能付出代价--
税收。石油公司醒悟过来，卡兰萨已经翻脸了。

这时，考德雷向美国总统致辞，要求他
"共同面对共同的敌人（国有化）"。**卡兰萨**现在是不受欢迎的人，考德雷试图出售他的股份，因为他看到随着墨西哥三大将军的争权夺利，更多的混乱即将到来。考德雷的出售提议被荷兰皇家壳牌公司接受。虽然条件不确定，但考德雷在出售他的股份时获得了丰厚的利润。

经过多次战斗，期间卡兰萨被杀，比利亚被暗杀，奥布雷贡将军于1923年9月5日当选为总统。12月26日，韦尔塔领导了一场针对奥布雷贡的叛乱，但被打败了。奥布雷贡得到了华盛顿的支持，条件是他要限制外国石油公司认为非常反感的宪法的实施。相反，奥布雷贡对石油出口征收60%的税。美国政府和石油公司对他们认为的奥布雷贡的叛变感到愤怒。

在将近五年的时间里，华盛顿继续对墨西哥宪法进行攻击，同时隐藏其真实动机。1927年，墨西哥正处于内乱之中，国库几乎被掏空。墨西哥政府被迫屈服。没有什么比1927年10月《墨西哥城*环球报*》的一篇社论更能说明墨西哥人对他们的石油被掠夺的感受了。

> "美帝国主义是经济演变的致命产物。试图说服我们的北方邻国不要成为帝国主义者是没有用的；他们不可能不成为帝国主义者，无论他们的意图是多么好。让我们研究经济帝国主义的自然规律，希望能找到一种方法，不是盲目地反对它，而是减轻它的行动，使它对我们有利。"

此后，普鲁塔科-

卡列斯总统对墨西哥宪法进行了全面彻底的倒退。历届墨西哥政府都在继续这种倒退。墨西哥为和解付出了代价，从它在1911年和1917年为之奋斗的原则中退缩。1928年7月1日er，奥布雷贡将军再次当选为总统，但16天后被暗杀。外国石油公司被指控犯罪并使墨西哥处于不稳定状态。

美国政府与标准石油公司和考德雷勋爵联合行动，迫使墨西哥政府推翻1918年2月19日的法令，该法令宣布石油是墨西哥人民不可剥夺的自然资源。1934年7月2日，拉萨罗-

卡德纳斯将军被卡列斯选中接替他。卡德纳斯后来转而反对卡列斯，称他

"过于保守"，并在英国和美国石油利益集团的压力下，在**卡列斯**1936年从美国回来时将他逮捕。国务院文件对美国政府在这些事件中的作用没有任何疑问。

卡德纳斯同情美国和英国的石油公司，但墨西哥工人联合会的领导人温森特-隆巴多-

托莱**达**诺则强烈反对。卡德纳斯被迫向这个团体的要求低头，1936年11月23日，一项新的征用法赋予政府没收财产的权力，特别是石油用地。这与美国政府和石油公司的预期相反，这让石油公司感到恐慌。

1936年，17家外国公司正忙着抽取理应属于墨西哥的石油。这种情况与南非的情况十分相似，自英布战争（1899-1902年）以来，300人委员会的奥本海默家族将南非的黄金和钻石掏空，运往伦敦和苏黎世，而南非人民却没有得到什**么好**处。英布战争是300人委员会的权力和力量的第一次公**开展示**。

有了'黑金'和'黄金'，墨西哥和南非真正属于人民的国家资源就被掠夺了。所有这些都是在和平协议的掩护下进行的，只有当强大的国家领导人出现时，如南非的丹尼尔-马兰和墨西哥的拉扎罗-**卡德**纳斯，和平协议才会崩溃。

但与马兰不同的是，卡德纳斯在1936年11月1日颁布了一项法令，宣布将标准石油公司和其他公司的底土权收归国有，而马兰却无法通过将金矿收归国有来挡住偷窃的阴谋家。[er]。这项法令的最终效果是剥夺了石油公司在墨西哥的经营权，并将其利润汇回美国。多年来，墨西哥石油工人生活在贫困的边缘，而洛克菲勒和考德雷却用利润膨胀了他们的国库。考德雷成为英国最富有的人之一；美国人对洛克菲勒帝国的规模再清楚不过了。

由于标准石油公司、鹰牌公司、壳牌公司等的贪婪，成千上万的墨西哥人的鲜血被不必要地流了出来。革命是美国

操纵者故意挑起的，总是得到美国政府有关官员的支持。当考德利生活在绝对的奢华中，经常出入伦敦最好的俱乐部时，墨西哥石油工人的生活却比法老的奴隶还要糟糕，他们生活在肮脏的环境中，挤在一起的贫民窟中，没有受到任何描述。

1938年3月18日，**卡德**纳斯政府将美国和英国石油公司的财产国有化。美国通过停止从墨西哥购买白银来进行报复。英国政府断绝了外交关系。秘密地，标准石油公司和英国石油公司资助了萨图尼诺-塞迪略将军，煽动他反叛卡德纳斯。然而，民众对卡德纳斯的大规模支持示威在几周内就结束了叛乱的企图。

美国和英国迅速建立了对墨西哥石油的抵制，这对被称为PEMEX的国家石油公司造成了破坏。随后，**卡德**纳斯家族与德国和意大利签订了易货贸易协议。当共产党人试图接管西班牙，而墨西哥政府试图通过向佛朗哥将军的政府输送石油来打破石油抵制时，这两个政府的这种欺骗行为--大多数人将其视为西方文明的支柱--继续存在。

在被称为西班牙内战的法共战争中，罗斯福支持共产党方面，并允许其在美国招募人员和军火。华盛顿采取了 "中立"的官方政策，但这种欺骗行为掩盖得很好，当德士古公司被**拖入其中**时，就暴露了出来。

PEMEX决定向佛朗哥供应石油，使用德士古公司的油轮将其**运往西班牙港口**。军情六处的情报负责人威廉-斯蒂芬森爵士向罗斯福告发了德士古。按照惯例，当右翼反共政府为自己国家的生存而战时，秘密的平行美国政府命令罗斯福停止向佛朗哥运送墨西哥石油。但这并没有阻止布尔什维克在美国招募人员或从华尔街获得弹药和资金，德士古公司的行为并不是出于对佛朗哥或墨西哥的同情：其动机是利润。这表明当像罗斯福这样的费边社会主义者管理一个反对社会主义的国家时会发生什么。

直到1946年，随着米格尔-阿莱曼（Miguel

Aleman) 总统的当选，墨西哥才重新出现了秩序的雏形。1947年9月30日，墨西哥政府对所有美国和英国的征用要求进行了最终解决。这让墨西哥人民付出了高昂的代价，并使石油的实际控制权掌握在美国和英国石油公司手中。因此，**卡德**纳斯签署的1936年的征用法令只是部分成功。

1966年，当几位作家**揭露考德利**勋爵的贪婪和腐败时，他雇用德斯蒙德-
杨写了一本书，在书中粉饰和淡化了他与迪亚斯和韦尔塔的**关系**。1970年，理查德-
尼克松总统应外交关系委员会的要求，与迪亚斯-
奥尔达斯总统签署了一项协议，规定和平解决未来的边界和其他争端（即石油）。

这项协议今天仍然有效，虽然掠夺墨西哥石油的方法已经改变，但其意图和动机并没有改变。对尼克松协议有一个普遍的误解，即认为它代表了华盛顿政策的改变。它的目的是给人一种印象，即我们现在承认墨西哥对其自然资源的权利。这是莫罗与凯勒斯-
奥布雷贡谈判达成协议的时期的重演，美国人民被告知这是
"美国的巨大让步"，而事实上，就华盛顿而言，这根本不是什么让步。这就是通过撒谎来进行外交的政策。

IV.洛克菲勒： 邪恶的天才

没有任何一个行业像强大的石油工业那样被腐蚀，也没有任何一个行业对它的辱骂是如此的罪有应得。当美国印第安人带领法国方济各会传教士约瑟夫-德拉罗什-**达永神父来到**宾夕法尼亚州西部的神秘黑水潭时，他们不可能想象到会产生多么可怕的结果。

石油工业在所有试图突破其围墙的行为中都幸存了下来，无论是政府还是公民个人。美国石油工业在已故参议员亨利-杰克逊和弗兰克-丘奇的个人恩怨中幸存下来，并在**众多**调查中脱颖而出，其秘密也完好无损。甚至反托拉斯诉讼也未能打破其权力。

谈到石油工业，就不能不提到约翰-D-洛克菲勒，他创立了新泽西的标准石油公司。洛克菲勒的名字也是贪婪和对权力的无止境渴望的代名词。大多数美国人对洛克菲勒家族的仇恨始于 "大手"在宾夕法尼亚州石油区的浮现。它始于1865年黑人 "淘金热"**开始**时涌向泰特斯维尔和皮特海德的先驱钻探者的后裔中。

约翰-D-洛克菲勒抢夺勘探者和钻探者的石油租约的能力，让人不禁想起塞西尔-约翰-罗兹、巴尼-巴纳托和其他罗斯柴尔德-沃伯格特工的 "**开拓**"努力，他们为这些骗子对金伯利钻石和兰德黄金租约的所有者进行的白天抢劫和欺骗提供资金。纳尔逊-

洛克菲勒曾声称家族财富是
"一个意外"，但事实证明并非如此。

围绕着约翰-D-
洛克菲勒的偏执和对保密的需求被传给了他的儿子们，并被作为一种战略来对抗外界对石油业务的干扰。今天，300人委员会的会计师事务所普华永道以这样的方式做账，即使最好的会计师和参议院各委员会也无法解开洛克菲勒的财务。这就是野兽的本质。人们经常问："为什么洛克菲勒会有这么深的歪曲？"人们只能假设这是他固有的天性。

约翰-D-
洛克菲勒不相信让友谊阻碍他的进步，他警告他的儿子们永远不要让
"良好的友谊胜过你。他最喜欢的教条是关于聪明的老猫头鹰，他什么都不说，却听到了很多。约翰-
D.的早期照片显示，他的脸很长，面无表情，眼睛很小，没有一丝人类的素质。

鉴于他的外表，克拉克兄弟接受约翰-
D.为他们的会计，后来又成为他们炼油厂的合伙人，这就更令人惊讶了。兄弟俩很快意识到，洛克菲勒是不值得信任的。不久，他们被迫退出，按照约翰-D-塔贝尔的说法是
"被买断"。   艾达-
塔贝尔的书《标准石油公司的历史》中充满了洛克菲勒的无情和对除他自己以外的所有人的不人道的例子。

标准石油公司是美国历史上最神秘的公司，埃克森公司及其子公司今天还继承了这一传统。据说，标准石油公司像一个堡垒一样被锁住并设置了障碍。洛克菲勒的形象已经变得非常糟糕，以至于他聘请了公共关系人员艾薇-
李来帮助他恢复慈善家的形象。但是，尽管李克强做出了最大的努力，他还是无法消除约翰-
D.留下的仇恨遗产。"标准
"和洛克菲勒家族的受损形象一直持续到20世纪90年代，并可能永远存在。标准石油公司将成为石油工业对其地下有

石油和天然气储备的国家的行为的标准制定者。

洛克菲勒家族一向奉行法律，早期他们决定，逃避税收的唯一办法是将大部分资金和资产放在美国境外。到1885年，洛克菲勒已经在欧洲和远东建立了市场，这些市场占到了标准石油公司业务的70%，令人吃惊。

但是，洛克菲勒在各大洲的行进过程中并非没有颠簸。在艾达-塔贝尔和H.D.劳埃德等作家披露标准公司是一家拥有一支凌驾于地方、州和联邦政府之上的间谍军队之后，公众对标准公司的怨恨达到了新的高度。

> "他们宣战，谈判和平，使法院、立法机构和主权国家无比顺从他的意志"。

当美国人民意识到标准公司的垄断行为时，恶性投诉涌入参议院，导致《谢尔曼反托拉斯法》的出台。但该法律是如此刻意模糊，并留下了许多未回答的问题，以至于洛克菲勒和他的律师团可以轻易地避免遵守该法律。洛克菲勒曾将其描述为 "一个没有任何牙齿的公共关系活动"。约翰-D-洛克菲勒在参议院的影响力从未像在《谢尔曼反托拉斯法》的辩论中那样明显。当时，个别参议员受到洛克菲勒说客的沉重压力。

1911年5月11日，首席大法官爱德华-怀特在弗兰克-凯洛格对标准公司提起的反垄断案中裁定，标准公司必须在六个月内分拆其所有子公司，这使洛克菲勒暂时受到挫折。洛克菲勒的回应是雇佣了一支作家队伍，他们解释说，石油业务的 "特殊性"不适合正常的商业方法；应该像约翰-D-洛克菲勒那样，将其作为一个特殊实体来对待。

为了冲淡怀特法官的决定，洛克菲勒建立了自己的政府形式。这种新的 "政府"采取了慈善基金会和机构的形式，仿照欧洲皇室法院的赞助制度。这些机构和基金会将保护洛克菲勒的财富不受所得税的影响，**他的参议院雇佣兵**曾警告他，未来几年将征收所得税。

这是石油工业 "政府中的政府"的**开始**，这种权力至今仍然存在。毫无疑问，**CFR**的迅速崛起归功于洛克菲勒和哈罗德-普拉特。1914年，参议院的一名成员将洛克菲勒帝国称为"美国的秘密政府"。洛克菲勒的战略家们呼吁建立一个私人情报机构，根据他们的建议，洛克菲勒实际上买下了莱因哈特-海德里希的党卫军情报部门的人员和设备，这就是现在的"国际刑警"。

凭借堪比海德里希的党卫军的情报，洛克菲勒家族能够渗透到各国，实际上控制了他们的政府，改变了他们的税法和外交政策，然后向美国政府施压，使其服从。如果税法变得更加严厉，洛克菲勒家族会简单地改变法律。正是石油工业中的这种菌类关闭了当地的生产，而这种生产本可以使美国完全独立于外国石油。最终的结果是什么？美国消费者的价格更高，而石油公司的利润却很惊人。

洛克菲勒家族很快就在中东出现了，但他们争取让步的努力受到了哈里-F-辛克莱的阻挠。看来，辛克莱尔每次都能击败洛克菲勒家族。随后，戏剧性的转折出现了，茶壶穹顶丑闻，辛克莱尔的密友、内政部长阿尔伯特-法尔和法尔的朋友达霍尼因攫取茶壶穹顶和麋鹿山海军石油储备谋取私利而被起诉。许多人担心，茶壶穹顶丑闻是洛克菲勒家族设计的，目的是为了诋毁和消除辛克莱尔这个不受欢迎的竞争者。

这一丑闻震撼了华盛顿，使法尔失去了工作（因此被称为"替罪羊"）。辛克莱尔勉强避免了入狱。他与波斯和俄国的所有有利可图的合同都被取消了。即使在今天，人们也怀疑，但没有证明，茶馆穹顶丑闻是洛克菲勒的刺杀行动。最终，除英国持有的特许权外，辛克莱在中东的大部分特许权都转到了洛克菲勒手中。

在伊朗发生的事件很快就会证明洛克菲勒和他的英国伙伴们的力量。1941年，当伊朗的雷扎-沙阿-巴列维拒绝加入所谓的 "盟国"对抗德国并将其国民驱逐出境时，丘吉尔大发雷霆，下令入侵伊拉克，他的俄国布尔什维克盟友也加入其中。通过允许俄罗斯军队进入伊朗，丘吉尔为俄罗斯在该地区的存在打**开了大**门，这是斯大林非常渴望的目标之一。这是对伊朗人民和整个西方的一**种令人震惊的背叛，表明洛克菲勒家族的影响力是国**际性的。

这就是石油公司的力量，尤其是那些由洛克菲勒家族控制的石油公司。标准石油公司和荷兰皇家壳牌公司的代表建议丘吉尔逮捕并驱逐礼萨-沙阿，丘吉尔立即照办，先把他送到毛里求斯，然后送到南非，在流亡中死去。我在伦敦大英博物馆检查的文件显示，洛克菲勒家族大量参与了中东政治。

在英国议会中，丘吉尔吹嘘道。

> "我们（石油公司）刚刚赶走了一个流亡的独裁者，并建立了一个致力于认真改革的宪法政府。

他没有说的是，"宪法政府"是石油公司选择的傀儡政府，其 "全面改革目录"只是为了加强美国和英国的石油利益，以便获得更大的石油收入**份**额。

但到了1951年，席卷中东的民族主义情绪，从埃及开始，贾迈勒-阿卜杜勒-纳赛尔上校决心将英国从该国的控制中赶出去，也蔓延到了伊朗。这时，一个真正的伊朗爱国者穆罕默德-摩萨台博士出现了，挑战丘吉尔的傀儡政府。摩萨台的主要目标是打破外国石油公司的权力。他认为，伊朗人民采取这种行动的心情已经成熟了。

这让洛克菲勒家族深感震惊，他们向英国寻求帮助。摩萨台告诉洛克菲勒和英国石油公司，他不会履行他们的特许协议。据说大卫-
洛克菲勒对摩萨台产生了个人仇恨。因此，英国石油公司要求英国政府
"结束摩萨台制造的麻烦"。丘吉尔急于满足七姐妹石油卡特尔（由英国和美国在中东的七家主要石油公司组成）的要求，请求美国帮助。

摩萨台是一位有才华、受过教育和精明的政治家，出身于富裕家庭，他真诚地希望帮助伊朗人民从他们的国家资源中受益。1951年5月，摩萨台博士将伊朗的石油国有化。一场针对摩萨台的国际宣传运动开始了，他被描绘成一个穿着睡衣在德黑兰跑来跑去、沉浸在情感中的愚蠢小人。这与事实相差甚远。

在洛克菲勒石油公司的推动下，在美国国务院的支持下，国际社会下令抵制伊朗石油。伊朗的石油很快就卖不出去了。国务院宣布支持丘吉尔在德黑兰的傀儡政府，该政府是在伊朗国王拒绝加入盟国对德战争时建立的。

与此同时，中央情报局和军情六处发起了针对摩萨台的联合行动。接下来是一个典型的例子，说明政府是如何通过宣传活动颠覆和推翻的。战争结束后，在选举中失利的丘吉尔被洗脑的英国公众重新拉回了政权。他利用自己的地位向摩萨台博士和伊朗人民发动战争，使用了高利贷和黑客战术，正如以下例子所示。

在国际水域航行并运载伊朗石油的'罗斯-
玛丽'号，在被丘吉尔命令由皇家空军拦截时，并没有违反任何国际法或条约，而是被迫驶向英国控制的港口亚丁。在洛克菲勒家族的建议下，美国国务院全力支持在海上劫持船只的行为。

我在伦敦的消息来源--他的工作是监测石油工业--
在1970年告诉我，丘吉尔只是在他的内阁中艰难地阻止了

他命令皇家空军轰炸罗斯玛丽号。一年过去了，在此期间，伊朗遭受了巨大的财政损失。1953年，摩萨台博士写信给德怀特-
艾森豪威尔总统请求帮助。他还不如给洛克菲勒写信。艾森豪威尔，玩弄神经，没有回答。

这一策略达到了预期的效果，使摩萨台感到害怕。最终，艾森豪威尔做出了回应，并以经典的方式建议伊朗领导人"尊重伊朗的国际义务"。摩萨台继续违抗英国和美国政府。石油公司向艾森豪威尔派出了一个代表团，要求立即采取行动清除摩萨台。

领导中央情报局针对摩萨台的秘密行动的克米特-
罗斯福，一直在不懈地努力在德黑兰内部建立可以用来挑起动乱的力量。大笔的钱，我的消息来源说达到300万美元，已经易手。1953年4月，穆罕默德-礼萨-
巴列维国王在国际银行家的强大压力下，试图将摩萨台博士赶下台，但这一企图失败了。一支由中央情报局和军情六处装备的特工军队开始攻击军队。由于担心被暗杀，沙阿逃**离**，**摩**萨台于1953年8月被推翻。美国纳税人为此付出了近1000万美元的代价。

值得注意的是，在克米特-
罗斯福策划中情局1951年针对摩萨台博士的秘密行动的同时，他的洛克菲勒伙伴在华盛顿面临法律诉讼，应该停止在伊朗的行动。事实是，无所不能的石油工业知道它可以抵御挑战，就像它对其他所有挑战所做的那样。司法部对埃克森公司、德士古公司、标准海湾公司、美孚公司和Socal公司**启**动了诉讼。(没有努力起诉壳牌和英国石油公司）。

标准石油公司立即指派迪安-
艾奇逊掩盖调查。事实证明，艾奇逊是一个很好的例子，说明洛克菲勒如何利用政府和私营部门的重要人物来推翻华盛顿政府的统治。1952年初，艾奇逊开始了攻击。艾奇逊以国务院对保护美国外交政策举措的兴趣为由，从而默认了大石油公司在指导国家的外交政策，要求放弃调查，以免削弱 "我们在中东的良好关系"。

艾奇逊没有提到洛克菲勒、中央情报局和军情六处当时在伊朗制造的动荡和不稳定。司法部长的回应是对石油垄断企业的全面攻击，他警告说，必须将石油 "从少数人的控制中解放出来；只有通过保护自由企业免受政府和私人权力的过度侵害，才能维护自由企业。Hethen 指责该卡特尔的行为方式危及国家安全。

洛克菲勒立即通过他在国务院和司法部的联系人下令进行损害控制工作。(艾奇逊公开谴责该调查是 "反托拉斯警犬的行动，他们不想与玛门和不公正的人有任何**关系。他的**语气一直都是好战和威胁的。艾奇逊为洛克菲勒争取到了国防部和内政部的支持，他以最**惊人的方式**为七姐妹担保。

> "这些公司（大石油公司）在向自由世界供应最基本的商品方面发挥着重要作用。美国的石油业务实际上是我们外交政策的工具"。

迪安-
艾奇逊随后试图提出苏联干预中东的恶棍，这只不过是一个红鲱鱼，用来转移对石油公司运作方式的注意力。最终，针对该卡特尔的所有刑事指控被撤销......

为了显示他们对美国法律的完全无视，主要石油公司的代表于1924年在伦敦开会，以避免在威廉-弗雷泽爵士的要求下可能被指控为阴谋。弗雷泽写给标准公司、美孚公司、德士古公司、英国石油公司、Socal公司和**壳牌公司的高**层管理人员的信中解释说，他们必须开会与现在被彻底激怒的沙赫-礼萨-巴列维结算。

一个月后，这些阴谋家在伦敦再次会面，法国石油公司的首席执行官也加入了他们。达成了一项协议，组建一个控制伊朗石油的财团。这个新机构被称为 "财团"，因为在美国使用   **"卡特尔**

"一词被认为是不明智的。美国领导人告诉他们的外国同行，成功是有保证的，因为国务院已经对伦敦会议给予了祝福。

就国务院而言，七姐妹[7]，在中东地区发挥了关键作用，防止共产党渗透到一个对美国具有重大利益的地区。鉴于1942年这些石油公司支持丘吉尔允许苏联布尔什维克军队入侵伊朗，从而给了斯大林在中东获得立足点的最佳机会，这并不完全是事实。

在1951年10月**开始的司法部**诉讼过程中，国务院的证人多次将石油工业称为"所谓的卡特尔"。国务院里密布着洛克菲勒的代理人，也许比大卫-洛克菲勒控制的任何其他政府机**构都多。**

我至今仍坚信，仍然没有办法打破洛克菲勒的枷锁，这些枷锁将石油公司和这个国家与外交关系委员会捆绑在一起，而外交**关系委**员会控制着我们对世界石油国家外交政策的所有方面。这是我们这些人必须面对的情况，希望是早**晚的事。**

在华盛顿，面对由其傀儡艾森豪威尔总统支持的对外关系委员会的威胁，针对石油卡特尔的民事诉讼宣告破裂。艾森豪威尔宣布，美国的国家安全利益正受到诉讼的威胁。艾森豪威尔，一个CFR的傀儡，要求他的司法部长小赫伯特-布朗内尔告诉法院说

> "反托拉斯法应被视为次要的国家安全利益"。

当克米特-
罗斯福在德黑兰拿着锤子和钳子打架的时候，艾森豪威尔和杜勒斯正在向法院提出一个妥协方案，用艾森豪威尔的话说，这个方案将
"保护自由世界在中东这个主要石油供应源的利益"。难怪阿亚图拉-霍梅尼在几十年后称美国为

---

[7]"七姐妹"，即**构成全球石油**垄断卡特尔的公司。不适用。

"大撒旦"。霍梅尼不是指美国人民，而是指他们的政府

霍梅尼非常清楚，普通的美国人是一个**阴谋**的受害者，他被欺骗、受骗、被抢劫，并被迫在他完全没有理由参与的外国战争中牺牲他数百万儿子的鲜血。霍梅尼是个历史爱好者，他非常了解《联邦储备法》，他说该法
"使人民受到束缚"。当美国驻德黑兰大使馆被革命卫队查封时，几份有罪的文件落入霍梅尼手中，这些文件清楚地表明中情局与英国石油公司、标准公司和其他主要石油公司的**关系**。

一旦政变被宣布成功，沙阿就回到了他的宫殿。他不知道二十年后，他将遭受与摩萨台同样的命运，在石油工业及其在华盛顿和伦敦的代理政府：中央情报局和军情六处的手中。沙皇认为他可以信任大卫-
洛克菲勒，但像其他许多人一样，他很快意识到他的信任是可悲的错位。

由于能够接触到摩萨台挖出的文件，这些文件显示了对伊朗国家资源的掠夺程度，国王很快就对伦敦和华盛顿感到失望。在听到墨西哥和委内瑞拉反对洛克菲勒和壳牌的起义的消息，以及沙特阿拉伯的"黄金**噱头**"的消息后，伊朗国王**开始游**说洛克菲勒和英国人，要求在伊朗的石油收入中获得更大的份额，当时伊朗的石油收入只占石油公司享有的石油收入总额的30%。

其他国家也感受到了石油工业的鞭打。墨西哥是一个典型的案例，说明石油公司有能力制定超越国界的外国政策，使美国消费者付出巨大的代价。石油似乎是新经济秩序的基础，无可争议的权力掌握在石油行业以外几乎不为人所知的少数人手中。

"专业
"已经被提到过几次。这是对构成商业史上最成功的卡特尔的主要石油公司的简写。埃克森（在欧洲称为埃索）、壳牌、英国石油、海湾、德士古、美孚和Socol-

Chevron。它们共同构成了一个由300人委员会控制的、相互交错、相互依存的银行、保险公司和经纪公司组成的庞大网络的一部分，而这个网络在其圈子之外几乎无人不知。

现实中的一个世界政府，或新世界秩序的高层政府，不容忍任何人的干涉，甚至强大的国家政府、大小国家的领导人、公司或个人。这些超国家的巨头拥有的专业知识和会计方法让政府中最优秀的人感到困惑，而他们仍然无法企及。似乎这些巨头能够诱使政府授予他们石油特许权，而不管那些反对他们的人。约翰-D-洛克菲勒几乎肯定会同意这个由埃克森和壳牌公司经营了68年的封闭企业。

从其业务的规模和复杂性可以看出，石油工业是300国委员会经济业务中最强大的组成部分之一，这些业务通常节奏很快，往往同时在几个国家开展活动。

在秘密的情况下，七姐妹俱乐部策划战争，并在他们之间决定哪些政府应该向他们的掠夺行为低头。当问题出现时，就像摩萨台博士和后来的伊拉克总统萨达姆-侯赛因那样，只需要调用相应的空军、海军、陆军和情报部门来解决问题，摆脱"讨厌鬼"。这应该不比拍打苍蝇更成问题。七姐妹已经成为政府中的政府，最典型的莫过于洛克菲勒的标准石油公司（SOCO-Exxon-Chevron）。

如果你想知道美国和英国对沙特阿拉伯、伊朗或伊拉克的外交政策，你只需要研究英国石油公司、埃克森公司、海湾石油公司和ARAMCO的政策。我们在安哥拉的政策是什么？它是为了保护海湾石油公司在该国的财产，即使这意味着支持一个公开的马克思主义者。谁能想到海湾公司、埃克森公司、雪佛龙公司和ARAMCO公司在美国外交事务中比国会议员更有发言权？的确，谁会想到这一点。标准石油公司有一天会控制美国的外交政策，使国务院的行为就像为自己的经济利益而运作一样？

还有其他任何群体如此高高在上，每年获得数十亿美元的税收优惠吗？经常有人问我，为什么曾经那么有活力和充满希望的美国石油工业会陷入急剧的衰退。答案，一言以蔽之，就是贪婪。出于这个原因，国内石油生产必须削减，以防公众发现情况。当涉及到国外业务时，这种知识就更难得到了。美国公众对沙特阿拉伯的石油政策所发生的事情了解多少？在赚取创纪录的利润的同时，石油行业正在要求并获得额外的税收减免，包括公开的--和隐藏的--不为公众所知。

美国公民是否从埃克森、德士古、雪佛龙和美孚（被出售前）的巨额利润中受益？答案是否定的，因为大部分利润是在   "上游"赚取的，即在美国以外的地方，它们被保存在那里，而美国消费者在加油站支付越来越高的汽油价格。

洛克菲勒的主要关注点是沙特阿拉伯。石油公司通过各种计谋，在伊本-
沙特国王那里站稳了脚跟。国王担心以色列有一天会威胁到他的国家，并加强以色列在华盛顿的游说团，他需要一些能让他获得优势的东西。国务院在洛克菲勒家族的唆使下宣布，只有利用埃克森公司（ARAMCO）作为幌子，才能遵循亲沙特的政策而不与以色列对立。这一信息是提供给参议院外交关系委员会的。它是如此敏感，甚至不允许委员会成员看到它。

洛克菲勒实际上只支付了一小笔钱，即50万美元，就从伊本-
沙特那里获得了一个重要的石油特许权。经过大量的外交活动，设计了一个骗局，这个骗局在第一年至少让美国纳税人损失了5000万美元。埃克森公司和伊本-
沙特之间讨论的结果在洛克菲勒公司董事会的秘密中被称为
"金口玉言"。美国石油公司同意根据沙特抽出的石油数量，**每年向沙特**统治者支付至少5000万美元的补贴。然后，国务院将允许美国公司将这些补贴申报为"外国所得税"，例如，洛克菲勒可以从埃克森公司的美国税收中扣除这些补贴。

随着沙特廉价石油产量的增加，补贴支付也在增加。这是对美国公众实施的最大骗局之一。该计划的要点是，每年都以"补贴"的名义向沙特人支付巨额外援。当以色列政府发现这个计划时，它也要求得到"补贴"，现在每年的补贴达到130亿美元——所有这些都由美国纳税人承担。

由于美国消费者实际上是在帮助为进口原油支付比国内原油更少的费用，我们不应该通过降低汽油价格从这种安排中受益吗？毕竟，沙特的石油是如此便宜，考虑到生产补贴，这不应该转化为更低的价格吗？美国消费者从支付这一巨额账单中得到任何好处吗？一点也不。除了地缘政治的考虑，各大公司也有操纵价格的嫌疑。例如，廉价的阿拉伯石油在进口到美国时，通过被称为"影子运费"的潜规则，按较高的国内原油价格定价。

根据1975年多国听证会上提出的确凿证据，以洛克菲勒公司为首的大石油公司70%的利润都在国外，这些利润在当时无法征税。由于他们的大部分利润来自国外，石油工业不准备对国内石油工业进行重大投资。因此，国内石油工业开始衰退。既然在沙特阿拉伯就有石油，而且价格比当地产品低，利润也高得多，为什么还要花钱去勘探和开采国内的石油？

毫无戒心的美国消费者已经而且仍然在不知不觉中被骗。根据我的一个仍在经济情报监测领域工作的联系人向我展示的秘密经济数据，考虑到所有的地方税、州税和联邦税，1991年底，美国加油站的汽油价格应该不超过每加仑35美分。然而，我们知道，泵的价格高出三到五倍，没有任何理由证明价格过高。

这种严重欺骗的不道德之处在于，如果大石油公司，我必须再次强调洛克菲勒在这件事上的领导力，不那么贪婪，他们可以生产出国内的石油，使我们的汽油价格成为世界上最便宜的。在我看来，国务院和沙特阿拉伯之间的这种外交欺骗的方式使国务院成为犯罪企业的合作伙伴。事实上，为了不与以色列闹翻，同时满足沙特的要求，美国消费者承受了巨大的税收负担，而该国却没有从中得到任何好处。这是不是有点像美国宪法所禁止的非自愿劳役？

随后，沙特阿拉伯的领导人要求石油公司（ARAMCO）公布固定价格，这意味着如果油价下跌，国家的收入就不会下降。当他们得知这一安排后，伊朗和伊拉克要求并得到了与洛克菲勒公司制定的价格相同的交易，按人为的高价而不是实际的市场价格纳税，这被他们在美国支付的较低税款所抵消--这是美国其他行业所不享有的重大优势。

这使得埃克森和美孚（以及所有ARAMCO公司）尽管获得了巨额利润，但平均税率为5%。石油公司不仅欺骗了美国消费者，而且现在仍然如此，他们还在制定和执行对美国人民**极**为不利的美国外交政策。这些安排和行动使石油行业凌驾于法律之上，使其处于一种地位，公司可以而且确实在向民选政府发号施令，而不受我们在华盛顿的代表的任何监督。

石油公司的政策使美国纳税人损失了数十亿美元的额外税收和数十亿美元的超额利润。石油工业，特别是埃克森公司，并不惧怕美国政府，这要归功于对外关系委员会（CFR）的常设高层平行秘密政府的控制，洛克菲勒是不可触及的。这使得ARAMCO可以以**每桶**0.95美元的价格向法国海军出售石油，而与此同时，美国海军却被收取每桶1.23美元。

敢于挑战洛克菲勒家族可怕权力的少数参议员之一是布鲁斯特参议员。他在1948年的听证会上揭露了石油工业的一些
"不忠行为"，指责石油工业不守信用，"贪婪地想赚取巨额

利润，同时不断寻求美国保护和援助的外衣，以维护他们巨大的特许权，"。洛克菲勒家族起草了**一份由美国最大的**石油公司签署的备忘录，其大意是他们"对美国没有特别的义务"。洛克菲勒明目张胆的国际主义终于被揭露了。

作为上述的一个例子，J. Eaton先生在《石油工业》发表的一篇文章中说："石油工业现在面临着政府控制的问题。当美国政府邀请美国石油协会任命三名成员参加其成立的研究保护立法的委员会时，API主席E.W.克拉克说。

> "我们不能承诺对联邦政府可能直接监管多个州的原油生产的任何建议进行评论，更不用说同意了。"

API认为，根据美国宪法第1条，联邦政府无权控制石油公司。1927年5月27日，API表示，政府不能告诉行业该怎么做，即使**涉及到国家的共同防御和一般福利。**

对石油工业最好和最广泛的揭露之一是一份400页的报告，题为"国际石油卡特尔"。这份伟大的报告已经从流通领域消失了，据我所知，洛克菲勒和CFR在报告出版后不久就买走了所有可用的副本，并阻止了报告的进一步印刷。

受已故参议员约翰-斯**帕克曼的启**发，由M-布莱尔教授设立，石油卡特尔的故事可以追溯到发生在苏格兰一个偏远的渔业保护区阿赫纳卡里城堡的阴谋。斯帕克曼不遗余力地抨击洛克菲勒石油帝国。他一丝不苟地构建了**一份档案**，证明各大石油公司达成了一个阴谋，以实现以下目标。

1)　在石油的生产、销售和分销方面，控制外国的所有石油生产。

2)　严格控制与石油生产和炼油有关的所有技术和专利。

3)　七姐妹之间共享管道和油轮。

4) 只在他们之间分享全球市场。

5) 共同行动，使石油和汽油价格人为地保持高位。

布莱尔教授特别指责ARAMCO在以难以置信的低价获得沙特石油的同时，还将油价维持在高位。针对斯帕克曼的指控，司法部于1951年**开始了自己的**调查，本文前面已经介绍过。

什么都没有改变。海湾战争是 "一切照旧"的一个好例子。对索马里的占领也有石油方面的内涵。由于我们最新的间谍卫星，克罗斯成像仪，可以转播地下的图像，大约三年前在索马里发现了非常大的石油和天然气储备。这一发现被绝对保密，导致美国表面上为饥饿的索马里儿童提供食物的任务，在电视上夜夜播放了3个月。

布什政府上演了一场拯救 "饥饿儿童"的任务，以保护阿美石油公司、菲利普斯公司、科诺克公司、科霍克公司和英国石油公司的钻探业务，这些公司受到索马里领导人的威胁，他们意识到这些公司即将被洗劫一空。美国的行动与喂养饥饿的儿童没有什么关系。为什**么美国没有在埃塞俄比**亚组织类似的 "救援"任务，那里的饥荒是一个真正的问题？当然，答案是，埃塞俄比亚没有已知的石油储备。然而，确保柏培拉港的安全是美国部队的主要目标。俄罗斯在石油问题上存在着巨大的不和谐。库尔德人将不得不为了摩苏尔的石油而一次又一次地受苦。洛克菲勒和英国石油公司仍然是他们一直以来的贪婪的石油掠夺者。

V.关注以色列

除了现在的沙特阿拉伯之外，也许在中东的任何其他国家中，说谎的外交在以色列国的形成期达到了高潮。正如我在本书中所做的那样，鉴于大多数人倾向于将有关以色列的任何言论视为
"反犹太主义"，我在处理以色列的形成背景时努力做到绝对客观。

这种关于以色列国诞生的叙述没有考虑到宗教问题，而是纯粹基于政治、地理、地缘政治和经济因素。在处理一个国家的历史时，很难得出一个起点，但经过近15年的研究，我**确定**1914年10月31日是导致以色列建国的事件的开始。

一个国家的历史不能脱离其邻国的历史，在追溯以色列的历史时，这一点尤其正确。刚刚成功结束南非布尔共和国的主权和独立的霍雷肖-
基钦纳勋爵，被通过英国外交部行事的300人委员会派往中东。

英国政府自1899年以来一直在密谋反对奥斯曼土耳其帝国，并在1914年准备采取最后的行动来推翻这个有400年历史的王朝。300人委员会的计划是通过虚假的承诺让阿拉伯人参与进来，并利用阿拉伯军队来做英国的脏活，正如我们在表明托马斯-
劳伦斯上校是如何被用于这一目的的章节中所看到的那样。

朝这个方向迈出的第一步是侯赛因、哈希姆大本营麦加的大警长和基钦纳勋爵之间的会晤。侯赛因得到了独立的保

证，以换取对土耳其人的帮助。全面谈判于1915年7月**开始**。在这些会议上，英国政府一再向谢里夫-侯赛因保证，永远不允许犹太人移民到巴勒斯坦，正如我在前几章所详述的，这是唯一能保证侯赛因参与的事情。

甚至在麦加完全独立的谈判开始之前，英国政府的使者就与阿卜杜勒-阿齐兹和瓦哈比家族的成员秘密会面，讨论英国在帮助这**两个家族征服阿拉伯城邦方面的合作。**

该战略是通过向侯赛因和阿拉伯城邦的统治者承诺不允许犹太人移民到巴勒斯坦，从而使侯赛因和他的军队帮助将土耳其人赶出埃及、巴勒斯坦、约旦和阿拉伯。战略的第二部分是让阿卜杜勒-阿齐兹和瓦哈比的部队（由英国武装、训练和资助）将阿拉伯所有独立的城邦置于他们的控制之下，而城邦统治者和侯赛因则忙于参加英国对土耳其的战争。

1914年7月24日，英国政府讨论了由基钦纳勋爵提出的总体计划。但直到1914年10月24日，英国政府才做出回应。阿拉伯领土，除了叙利亚的某些例外，"英国可以在不损害其盟友法国的情况下自由行动"，将得到尊重。1916年1月30日，英国接受了侯赛因的建议，这些建议实质上规定，作为对他的帮助的回报，侯赛因将被宣布为希贾兹的国王，并将统治阿拉伯人民。

1916年6月27日，侯赛因宣布建立阿拉伯国家，并于10月29日宣布成为希贾兹国王。1916年11月6日，英国、法国和俄罗斯承认侯赛因为阿拉伯人民的领袖和希贾兹的国王。阿卜杜勒-阿齐兹和瓦哈比家族是否因与英国的协议中的矛盾条款而感到烦恼？显然不是，原因很简单，他们提前得知了这些进展，知道这些进展不过是对侯赛因的必要欺骗。

1915年和1917年期间，英国政府与世界犹太复国主义大会的领导人会面，以确定如何最好地实施计划已久的犹太人移民到巴勒斯坦。**达成了一**项协议，派遣军情六处特工前往阿拉伯，**帮助**训练阿卜杜勒-阿齐兹和瓦哈比的军队。

英国、法国和俄罗斯于1916年4月26日举行了一次秘密会议，同意将巴勒斯坦置于国际管理之下。虽然英国外交部的文件表明，世界犹太**复国主义**大会的领导人被告知了这次会议及其目的，但没有阿拉伯人被告知。

早些时候，在1915年3月，法国和英国也曾向俄国人承诺过君士坦丁堡。作为回报，俄罗斯同意承认阿拉伯国家的独立。英国将控制海法。法国会得到叙利亚。俄罗斯将得到亚美尼亚和库尔德斯坦（当时石油还不是一个因素）。令人**惊讶**的是，这些土地上的人们没有一次被告知。政府能够就不属于他们的土地进行谈判的方式，证明了300人委员会控制下的秘密社团所拥有的巨大权力。

这一永久协议被称为赛克斯-皮科协议，于1916年5月9日由英国和法国缔结。在中东的所有影**响区域都被具体界定，即使是在阿拉伯国家表面上**被承认为 "独立"的情况下。这里的控制手段是秘密社团，特别是萨洛尼卡的一个共济会会所。

军情六处特工劳伦斯上校（"阿拉伯的劳伦斯"）无视已经安排好的事情，带领谢里夫-侯赛因的阿拉伯部队连续取得了惊人的胜利，最终占领了**关**键的希贾兹铁路线，迫使土耳其人撤退。说服阿拉伯人攻击土耳其人（两者都是伊斯兰国家）的关键是，英国声称奥斯曼帝国与1492年被斐迪南和伊莎贝拉逐出西班牙的犹太人交好，并使君士坦丁堡成为犹太人的庇护所。英国谈判人员（军情六处特工）告诉侯赛因，这确保了君士坦丁堡的统治者会对犹太人移民到土耳其控制下的巴勒斯坦给予有利的评价。

劳伦斯上校被他的阿拉伯士兵亲切地称为 "奥伦兹"，并被钦佩和崇拜，他不可能接受侯赛因及其军队的严重背叛行为。当发现犹太人被允许大量进入巴勒斯坦时，劳伦斯被暗杀，以防止他揭穿英国政府的阴谋。英国陆军部的记录显示，劳伦斯得到了中东地区英军指挥官埃德蒙-
艾伦比将军的个人保证，即在任何情况下都不允许犹太人移民到巴勒斯坦。

现在让我们回到《贝尔福宣言》，这是一份引人注目的文件，因为它既不是由英国首相阿瑟-
贝尔福起草的，也不是由他签署的，而是由罗斯柴尔德勋爵作为世界犹太复国主义联合会英国分会的负责人起草的。英国承诺犹太人在巴勒斯坦的土地实际上属于阿拉伯人，这违反了对谢里夫-
侯赛因的承诺和艾伦比将军对劳伦斯上校的庄严承诺。

更引人注目的是，尽管罗斯柴尔德勋爵不是英国政府的成员，但他关于巴勒斯坦的建议却在1920年4月25日被国际联盟接受为英国政府的正式文件。国际联盟接受了《贝尔福宣言》，并授权英国管理巴勒斯坦和外约旦。唯一的变化是不在外约旦建立犹太民族之家，反正犹太复国主义者不想要这个地方。

一旦土耳其人被劳伦斯领导的阿拉伯军队击败，以及后来侯赛因领导的阿拉伯人被阿卜杜勒-
阿齐兹的英国训练和装备的军队击败，犹太人移民巴勒斯坦的道路就明**确了，可以**认真地开始。1920年4月18日在意大利**圣雷莫**举行的盟国总理会议上确认了这些安排。没有阿拉伯代表被邀请。1921年5月，由于犹太移民的突然涌入和城市中正在发展的定居点中的大量犹太儿童，巴勒斯坦爆发了严重的反犹太骚乱。

英国驻巴勒斯坦高级专员赫伯特-
塞缪尔爵士曾想任命一个立法委员会，但阿拉伯人不愿意。从1921年**开始**，动乱持续不断，1929年在哭墙爆发了一场争端，并迅速升级为对犹太人的大规模袭击，其中50人被杀。

1931年3月发表的一份英国政府报告将骚乱的原因归结为"阿拉伯人对犹太人的仇恨和阿拉伯人对独立的希望的失望"。英国政府随后在议会中发布命令，限制犹太人移民，这导致了犹太人的罢工，在巴勒斯坦造成了广泛的混乱。

英国外交部的文件显示，1931年6月，"向国际联盟的男子委员会提出了抱怨，该委员会将这些问题归咎于安全力量的不足"。虽然这些文件没有说明是谁提出的投诉，但文件空白处的记号指向罗斯柴尔德勋爵。

在国际联盟的压力下，英国政府任命约翰-霍普-辛普森爵士监督并报告巴勒斯坦的动乱情况。他的报告被称为《帕斯菲尔德白皮书》，于1930年提交给议会。白皮书强调了没有土地的阿拉伯人的困境以及他们对拥有土地日益增长的渴望。他强烈主张，如果阿拉伯人没有土地，就禁止犹太人获得更多的土地，只要阿拉伯人没有工作，就停止犹太人的移民。

由于犹太人的信心受到严重动摇，世界犹太复国主义大会发起攻势，迫使议会就帕斯菲尔德的文件进行辩论。据1930年11月的《伦敦时报》报道，议会中的辩论是"暴风雨般的激烈"。在对英国政府施加了两年的巨大压力之后，世界犹太**复国主**义联合会成功地获得了对允许进入巴勒斯坦的犹太人数量的限制的放松。

1933年，英国高级专员阿瑟-沃乔普爵士拒绝了阿拉伯人的要求，即宣布向犹太人出售阿拉伯土地为非法，并停止犹太人移民。当时，欧洲正在谈论战争，每天都有关于犹太人在德国遭受迫害的报道。这种情况对阿拉伯人不利。犹太复国主义者组织了大规模的抗议和骚乱，反对限制移民，伦敦的报纸对他们的活动进行了不利的报道。然而，这对推动巴勒斯坦人民的事业没有什**么**作用。

1935年，随着摩苏尔-海法管道的**开通**，**英国要求控制海法的原因**变得清晰起来。1936年4月，阿拉伯高级委员会联合阿拉伯人反对巴勒斯坦的犹太人，几乎爆发了一场内战。英国政府的反应是派遣更多的军队，并任命一个委员会来调查动乱的原因。阿拉伯人抵制了该委员会。

> "因为英国人已经知道问题是什么，但却躲在委员会后面，不做任何事情来阻止原因。"

皮尔委员会于1936年在巴勒斯坦取证，并在1937年1月**离开**伦敦之前，听取了一个先前抵制委员会会议的阿拉伯代表团的意见。1937年7月8日，皮尔委员会的报告被公开。它对犹太人的愿望给予了毁灭性的打击，直言不讳地指出犹太人和阿拉伯人不能生活在一起，并建议将巴勒斯坦分为三个国家。

(a)　一个将占据约三分之一领土的犹太国家。里面将住着20万阿拉伯人，土地由阿拉伯人持有。

(b)　英国委任统治区，包括从雅法到耶路撒冷的铁路沿线的一片土地。它将包括伯利恒和耶路撒冷。

(c)　其余的领土将是一个与外约旦联合的阿拉伯国家。

皮尔委员会的报告被世界犹太复国主义联合会采纳，但遭到了阿拉伯世界和几个欧洲国家，特别是法国的谴责。皮尔委员会的建议于1937年8月23日被国际联盟采纳。

1937年8月2日对高级专员耶兰德-安德鲁的暗杀被认为是犹太复国主义者所为。据巴勒斯坦人和阿拉伯人说，组织这次活动是为了激起英国人民对阿拉伯人的仇恨。1937年，犹太人和阿拉伯人之间的争斗成为一场全面战争。

这导致皮尔委员会的建议被推迟，并任命了一个由约翰-伍德黑德爵士领导的新委员会。重要的是要知道，英国政府的策略正导致一个目标，即完全放弃巴勒斯坦的阿拉伯事业。当时的军情六处的秘密文件没有被披露，甚至没有向英国议会披露。他们提出　　　　　　　"巴勒斯坦问题

"是不可能解决的，并提出了掩盖问题的建议，以防止阿拉伯国家进一步动乱。当阿拉伯领导人将这个问题称为
"犹太**复国主义**问题
"时，罗斯柴尔德勋爵向英国媒体下达命令，确保这个问题始终被表述为"巴勒斯坦问题"。

在太巴列发生了对20名犹太人的可怕屠杀，阿拉伯军队占领了伯利恒和耶路撒冷老城；英国军队好不容易才夺回了这两个城市。英国外交部的文件虽然没有表达明确的意见，但似乎表明，对城镇和村庄的袭击以及对犹太人的杀戮是挑**衅者的杰作，他**们不希望达成允许更多犹太人移民的协议。

伍德黑德委员会的报告于1938年11月发表，表达了巴勒斯坦分治不是一个实际解决方案的观点。它呼吁立即召开阿拉伯人和犹太人的会议。1939年2月在伦敦开始谈判，但僵局没有解决，一个月后会议解散，没有任何结果。

然后，在1939年5月17日，英国政府宣布了一项在1949年之前建立独立的巴勒斯坦国的新计划。它将与英国建立条约**关系**；**阿拉伯人和犹太人将共享政府**，"以**确保每个社区的基本利益得到保障**"，报告说。

该计划是在五年内停止犹太人移民，除非阿拉伯人同意让其继续，但无论如何，到1949年，将允许75000名犹太人进入该国。英国政府的目标是让犹太人占到人口的三分之一左右。禁止将阿拉伯土地转让给犹太人。

该计划得到了英国议会的批准，但遭到了世界犹太复国主义大会和美国犹太领导人的激烈谴责。巴勒斯坦人也拒绝了这一计划，犹太人和阿拉伯人之间的战斗在全国各地爆发了。但几个月后，当英国对德国宣战并迅速得到世界犹太**复国主**义大会的支持时，巴勒斯坦就退居次要地位了。

一旦英国对德国宣战，大量犹太难民从欧洲涌向巴勒斯坦，1942年5月，美国犹太**复国主**义者会议通过了《比尔特莫方案》，该方案拒绝了修改后的伍德黑德计划，该计划呼

吁建立一个独立的巴勒斯坦，而是要求建立一个犹太国家，拥有一支犹太军队和一个独特的犹太身份。

三年后，世界犹太**复国主**义大会呼吁让一百万犹太人作为难民从饱受战争蹂躏的欧洲进入巴勒斯坦。埃及和叙利亚于1945年10月警告杜鲁门总统，在巴勒斯坦建立一个犹太国家的企图将引发战争。1946年7月，犹太**复国主**义的压力**达到了**顶峰，耶路撒冷的大卫王酒店被炸，导致91人死亡。联合国报告指出，这次袭击是伊尔贡恐怖分子所为。阿拉伯人指责美国和英国武装和训练伊尔贡和哈加纳，以便建立一支以色列军队。

1947年2月，英国人放弃了巴勒斯坦，把它交给了联合国，这是他们承认自己背叛了劳伦斯和阿拉伯人，并最终放弃了对巴勒斯坦的责任。这样做，他们放弃了自己的协议，即在1949年之前守住防线。1946年11月29日，联合国大会投票决定对巴勒斯坦进行分治。将会有一个犹太国家和一个阿拉伯国家，耶路撒冷由联合国监督。该投票得到了世界犹太**复国主**义大会的批准，但被阿拉伯国家和巴勒斯坦拒绝。

阿拉伯联盟理事会于1947年12月宣布，它将反对以武力分治国家，并**开始在整个巴勒斯坦攻**击犹太人社区。1948年，由军情六处训练并由美国人武装的伊尔贡和哈加纳反击部队崛起。恐怖横行，数十万阿拉伯人离开了他们的土地。在最后一次背叛和放弃对阿拉伯人的责任的行动中，3万名英国军队中的最后一支被撤走。

1948年5月14日，犹太**复国主**义领导人大卫-本-古里安无视联合国决议，宣布为以色列国建立一个临时的犹太政府。联合国不愿意或无法阻止本-古里安，让声明成立。5月16日，美国和俄罗斯都承认了新成立的本古里安政府，将巴勒斯坦人、所有阿拉伯国家和至少八个欧洲国家政府的叛国呼声置之不理。

当月**晚些**时候，阿拉伯联盟向新成立的以色列国宣战。以色列军队不是由英国人而是由美国的军需品非法装备和武装起来的，这些军需品是为驻欧洲的美国军队准备的，他们占了上风。联合国调解员福尔克-
贝纳多特伯爵在试图建立休战时，于9月17日被伊尔根恐怖分子杀害。这最终导致了联合国就停战和暂时停止敌对行动进行谈判。贝纳多特被指控偏袒阿拉伯事业，尽管记录显示他试图保持中立。

以色列于1949年5月加入联合国，并得到了美国、英国、苏联和法国的承认。阿拉伯国家向联合国提出抗议，指责英国、法国和美国**帮助以色列开辟了一条从加利利海到内盖**夫沙漠的管道，为犹太人定居点和农业提供了充足的灌溉，代价是以牺牲阿拉伯人口为代价单方面从约旦河取水。对于这个   "让沙漠开花"的庞大项目，没有征求阿拉伯人的意见，他们认为这违反了1939年5月**达成的**
"以**确保每个社区的利益得到保障的方式**
"管理国家的协议。

1956年5月9日，美国国务卿约翰-福斯特-杜勒斯（John Foster
Dulles），美国光照派13个最著名家族之一的成员，出现在国会面前陈述他的观点，解释说美国不会向以色列提供武器，因为它想避免美国和苏联之间的代理战争。以色列已经被美国充分武装和装备的事实没有被强调。杜勒斯宣言所**达到的目的是**给苏联一个理由，以美国的   "中立"立场为由，停止向阿拉伯国家提供武器。当时，武器严重失衡，对以色列有利。

在这场欺骗游戏中需要注意的另一点是，尽管它与阿拉伯国家有所谓的友谊，但为了响应美国在1956年的倡议，苏联签署了一项秘密协议，增加对以色列的石油供应，因为它担心阿拉伯国家的石油禁**运会**损害以色列的防御能力。

杜勒斯在**另一次改**变主意中告诉国会议员，通过向任何希望提供援助的中东国家提供援助来规避限制。1957年3月9

日，国会的一项联合决议授权总统使用最多2亿美元向任何希望获得经济和军事援助的中东国家提供援助。根据艾森豪威尔理论，这一措施应该是

"确保美国在所有中东国家的完整和独立中的重要利益"。

艾森豪威尔总统于1959年12月**开始了所谓的**
"亲善之旅"，在几个阿拉伯国家，包括突尼斯和摩洛哥进行了访问。这两个阿拉伯国家随后试图软化阿拉伯国家对以色列的抵抗，然而这些努力只是部分成功，艾森豪威尔的考察也是如此。叙利亚特别谴责这次旅行是
"企图掩盖美国对以色列的无条件支持"。

在接下来的十年里，阿拉伯人和以色列人的军备继续增长，直到战争再次爆发。以色列军队占领了耶路撒冷，并拒绝将该城市交还给联合国控制，尽管安全理事会的一些决议呼吁以色列政府遵守。1967年6月10日，苏联宣布与以色列断绝外交关系，但没有取消1956年增加对以色列石油供应的协议，这是一个透明的举措。正如法国两家主要报纸所指出的，如果苏联是真诚地反对以色列，它本可以否决以色列加入联合国，但它没有这样做。

通过与以色列断绝外交关系，苏联为美国向以色列提供50架F-
4幻影喷气式战斗机铺平了道路。戴高乐总统非常生气，他签署了一项法令，禁止法国向以色列提供任何进一步的财政或军事援助。这项法令被严格执行了大约两年时间。

联合国安全理事会于1969年7月3日举行会议，以最强烈的措辞谴责以色列继续占领耶路撒冷，并对以色列未能遵守要求其撤出该城市的先前决议表示遗憾。据一位来自巴基斯坦的前大会成员说，"以色列代表团一点也不感到不安，他们在当天早些时候会见了美国驻联合国大使，后者向以色列代表绝对保证，该决议
"没有牙齿"，"任何惩罚以色列的积极尝试都将受到美国和安理会的阻止"。但当安全理事会**开会**时，美国加入了谴责以色列的行列。这就是这一切的意义所在。

在结束这一章时，似乎应该对英国在外交上对其阿拉伯盟友麦加的谢里夫-侯赛因的背叛作一个总结。

> 1920年**8月**，伊本-沙特-本-阿卜杜勒-阿齐兹征服并吞并了阿西尔。

> **1921年11月2**日，伊本-沙特占领了哈立，结束了老拉希德王朝。

> **1922年7月**，伊本-沙特入侵焦夫，结束了老沙兰王朝。

> **1924年8月24**日，瓦哈比派和伊本-沙特袭击了希贾兹的塔伊夫，并于9月5日入侵该地。

> **1924年10月13**日，伊本-沙特占领了麦加。谢里夫-侯赛因和他的儿子阿里被迫逃亡。因此，沙特阿拉伯篡夺了这座圣城，伊朗、伊拉克和其他地方的数百万穆斯林至今仍对这一行为深有感触。如果没有英国的**帮助，伊本-**沙特就不可能征服麦加。英国的寡头结构长期以来一直表示对先知穆罕默德的仇恨，无疑从沙特的胜利中得到了**极大的**满足。

> **1925年1月至6月间**，瓦哈比派围攻吉达城邦。

> **1925年12月5**日，麦地那向伊本-沙特投降，12月19日，侯赛因的儿子谢里夫-阿里被迫退位。

> **1926年1月8**日，伊本-沙特被宣布为希贾兹的国王和内贾德的苏丹。

> **1927年5月20**日，以伊本-沙特为代表的阿卜杜勒-阿齐兹家族和瓦哈比家族与英国签署了一项条约，该条约承认这两个家族所拥有的所有领土完全独立，并允许他们自称为沙特阿拉伯。

如果没有侯赛因领导下的阿拉伯民族国家的帮助，如果没有瓦哈比和阿卜杜勒-
阿齐兹家族对阿拉伯城邦的征服，土耳其人就不会被赶出埃及和巴勒斯坦，犹太人对该国的移民也会被严格减少，甚至完全停止。正如叙利亚总统哈菲兹-
阿萨德在1973年所说。

> "英国人把犹太**复国主**义的匕首刺进了阿拉伯国家的心脏"。

已故劳伦斯的朋友说，他的幽灵在白厅的大厅里走来走去，因为他设法破坏了他对谢里夫-
侯赛因的阿拉伯军队作出的坚定承诺，也因为他接受了艾伦比和白厅关于不允许犹太人移民巴勒斯坦的虚假承诺而感到内疚，所以无法找到平静。

VI.塔维斯托克和 "业务研究"：一场不宣而战的战争

塔维斯托克人际关系研究所的创始人约翰-罗林斯-里斯（John Rawlings Reese）要**开**发一个系统来颠覆然后控制人类的思维，以便将他们引导到300人委员会（也被称为奥林匹亚人）所期望的方向。必须说，这需要在大多数目标人群中引入自动化思维。这是一个在国家和国际层面具有非常重要影响的目标。

里斯目标的最终结果过去和现在都是对所有人类生命的控制；在认为可取的时候，无论是通过大规模的种族灭绝还是大规模的奴役，都是对人类生命的毁灭。我们今天正在目睹这两方面的情况。一个是全球2000年**种族**灭绝计划，该计划预计到2010年将有超过5亿人死亡；另一个是通过经济手段进行奴役。在今天的美国，这两个系统都在充分运作，并肩工作。

里斯于1921年**开始**对塔维斯托克进行实验，很快他就明白了，他的系统可以在国家和军事层面得到应用。里斯认为，解决他所预见的问题需要采取无情的方法，不考虑宗教或道德价值。后来他又增加了另一个领域，那就是民族主义。

众所周知，里斯研究了法国作家雅克利奥在1860年提到的 "九个无名氏 "的工作。雅克利奥的言论中提到，"九大无名氏 "知道能量释放、辐射消毒、宣传和心理战，所有这些在本

世纪绝对闻所未闻。雅克略宣称，心理战技术是所有科学中

"最有效和最危险的技术，用于塑造群众的意见，因为它能使任何人统治整个世界。"这一声明是在1860年作出的。

当英国的政治家们显然决心用一场新的战争来解决国家的经济问题时，里斯得到了8万名英国军队新兵作为小白鼠使用。研究行动是他的项目的名称，其主要目的是开发一种军事管理（后勤）方法，以最佳方式利用有限的军事资源--海、陆、空防御系统--对付英国的外敌。

因此，最初的方案是一个军事管理方案，但到了1946年，里斯已经将运筹学发展到可以作为一个民用管理方案来应用的程度。就社会工程而言，里斯已经

"到**达**"，但他的工作被隐藏在塔维斯托克研究所的绝密文件中。从技术上讲，里斯的《塔维斯托克手册》（我有一本）是名副其实的对任何目标国家的平民人口的宣战。里斯指出，应该理解　**"每当一个政府**、团体、身居要职的人"未经人民同意而使用他们的方法时，这些政府或团体就会理解为征服是动机，他们与公众之间存在着不同程度的内战。

里斯发现，随着社会工程的发展，对可以快速收集和关联的信息的需求也在增加。归功于里斯的最早声明之一是需要走在社会的前面，通过情况工程预测社会的动向。乔治-B.的线性编程发现。1947年的《但泽》是里斯和他的社会修补者们的一个重大突破。这时，里斯正在与美国国家进行一场战争，这场战争仍在继续，巴丁、布里坦和肖克利在1948年发明的晶体管大大促进了这场战争。

然后，洛克菲勒介入，给了塔维斯托克一笔巨额拨款，让里斯利用**运筹学的方法**，对美国经济进行研究。同时，洛克菲勒基金会给哈佛大学提供了为期四年的资助，以创建自己的美国经济模式。那是1949年，哈佛大学在塔维斯托克模式的基础上，正在推进自己的经济模式。

里斯与哈佛合作的唯一条件是在整个项目中遵循塔维斯托克的方法。他们以《保诚保证轰炸调查》为基础，导致了对德国工人住房的饱和轰炸，作为交出德国战争机器的一**种手段**。这些方法现在已经准备好在民用环境中应用。

里斯详细研究了美国加入第一次世界大战的情况，他认为这是20世纪的开始　　　。里斯意识到，美国要摆脱所谓的"孤立主义"，就必须从根本上改变美国的思维。1916年，伍德罗-
威尔逊以腐败和堕落的政策将美国拖入欧洲事务。尽管开国元勋们警告说不要干涉外交事务，但威尔逊还是把美国军队派到欧洲战场上作战。300人委员会决心让美国永远留在欧洲和世界事务中。

威尔逊没有改变欧洲，但欧洲改变了美国。威尔逊认为他能做到的将政治从权力中驱逐出去，是不可能的，因为权力就是政治，政治就是经济权力。从最早的政治历史记录：5000年前苏美尔和阿卡德城邦的记录，一直到希特勒和苏联，都是这种情况。经济只是一个自然能源系统的延伸，但精英们总是说这个系统是在他们的控制之下。

一个经济体要想在精英阶层的控制下，必须是可预测的，完全可以操纵的。这就是哈佛模式所设定的目标，基于里斯的**运**营研究的社会动力学。里斯发现，为了实现人口群体的完全可预测性，必须将社会成员控制在奴隶制的枷锁之下，并剥夺他们发现自己困境的手段，这样就不知道如何团结起来或一起保护自己，他们就不知道向哪里寻求帮助。

在整个美国都可以看到塔维斯托克的方法论在发挥作用。人们不知道该去哪里了解自己的困境，于是转向最糟糕的地方寻求所谓的帮助：政府。始于1948年的哈佛大学经济研究项目体现了里斯的所有原则，而这些原则又是由保诚爆炸案调查和运筹学发展而来的。这些精英们联合起来，认为随着计算机时代的到来，现在有了控制国家经济和人口的手段--

这对人类来说既是一种祝福，也是一种可怕的诅咒。

所有的科学都只是**达到目的的手段，人是知识**（信息），其目的是为了控制。这种控制的受益者是由300人委员会及其前身在300年前决定的。塔维斯托克对美国人民发动的战争至今已有47年，而且没有**减弱的迹象。能源是**这个星球上所有生命的**关键**，委员会通过谎言和武力的外交手段控制了大多数能源资源。

委员会通过欺骗和隐瞒，还控制了社会能量，而社会能量是以经济形式表现的。如果能让普通公民对真正的经济核算方法一无所知，**那么公民就会被注定**过着经济奴役的生活。这就是已经发生的事情。我们，人民，已经同意了我们生活的经济控制者，并成为精英阶层的奴隶。正如里斯曾经说过的，不使用智力的人的权利并不比那些根本没有智力的哑巴动物好。如果要维持良好的秩序，统治阶级要享受奴隶的劳动成果，经济奴役是必不可少的。

里斯和他的社会科学家和社会工程师团队通过首先学习，然后了解，最后攻击，国家的社会能量（经济）、精神环境和身体弱点，对美国公众开展工作。早些时候，我说过，计算机对人类来说既是一种祝福也是一种诅咒。从积极的一面来看，有许多新兴的经济学家，通过使用计算机，**开始意**识到哈佛模式是一个经济奴役的蓝图。

如果这批新的经济程序员能够将他们的信息迅速传达给美国人民，（奴隶制）的新世界秩序还是可以被阻止的。这就是它在通过媒体、教育和影响我们的思维方面发挥的巨大作用，用不重要的问题分散我们的注意力，而真正关键的问题却被忽视。在1954年300人委员会下令召开的一次重大政策研究会议上，经济专家、政府官员、银行家和工商界领导人明确表示，必须加强对美国人民的战争。

罗伯特-麦克纳马拉（Robert McNamara）就是其中之一，他宣称，由于和平和良好的秩序受到失控的人口的威胁，国家的财富应该从不守规矩的大**众手中**夺取，交给自律的少数人控制。麦克纳马拉野蛮地攻击了人口过剩，他说人口过剩有可能改变我们生活的世界，使之无法治理。

"我们可以从人口增长的最关键问题开始。正如我在其他地方指出的，除了核战争本身，这是未来几十年世界面临的最严重问题。如果目前的趋势继续下去，整个世界要到2020年左右才会**达到生育率更替水平**--事实上是每个家庭平均有两个孩子。这意味着世界人口最终将稳定在100亿左右，而现在是43亿。

"我们称其为稳定的，但什么样的稳定才是可能的？我们是否可以假设，这种情况在发展中国家可能产生的贫困、饥饿、压力、拥挤和沮丧的程度--那时地球上每10个人中就有9个人--可能会提供社会稳定？或者，在这个问题上，军事稳定？

"这不是我们任何一个人愿意生活的世界。这样一个世界是不可避免的吗？不，但只有两种方法可以避免一个100亿人口的世界。要么当前的出生率必须更快地下降，**要么当前的死亡率必**须上升。没有其他办法。

"当然，有许多方法可以提高死亡率。在热核时代，战争可以非常迅速和果断地实现这一目标。饥荒和疾病是大自然对人口增长的古老刹车，两者都没有从现场消失。"

1979年，麦克纳马拉向世界主要银行家重复了他的信息，国务院高级官员托马斯-恩德斯发表了如下声明

"一个主题支撑着我们所有的工作。我们必须减少人口增长。他们要么用我们的方式，用漂亮、干净的方法来做，**要么就会出**现我们在萨尔瓦多、伊朗或贝鲁特的那**种混乱。一旦人口增**长失去控制，就需要一个专制的，甚至是法西斯的政府来**减少它。内**战可以帮助，但必须是非常广泛的。为了迅速减少人口，你需要把所有的男性**拖入**战斗，并杀死相当数量的育龄妇女。"

解决精英们不愿生活的世界问题的办法是大规模种族灭绝。罗马俱乐部被命令制定一项计划，以消除5亿人口过剩的现象。该计划被称为
"全球2000"，它通过在非洲和巴西传播艾滋病病毒而启动。全球2000年被詹姆斯-**卡特**总统正式接受为美国政策。

会议成员一致认为

"社会中的下层元素必须被完全控制，在很小的时候就被训练并分配到职责，这可以通过教育质量来完成，而教育必须是最贫穷的。必须训练下层阶级接受他们的地位，早在他们有机会挑战它之前。"

"从技术上讲，儿童必须在政府控制的托儿所中成为'孤儿'。有了这样一个最初的障碍，下层阶级将几乎没有希望摆脱生活中分配给他们的位置。我们心目中的奴隶制形式对良好的社会秩序、和平和安宁至关重要。

"我们有办法解决社会中个人的活力、选择和流动性，通过我们的社会科学家知道他们的社会能量（收入）来源，了解他们，操纵他们，解决他们，从而解决他们的身体、精神和情感上的优势和劣势。普通民众拒绝改善自己的心态。它已经成为一群增殖的野蛮人，是地球上的一个污点。

"通过衡量羊群试图通过娱乐来逃避问题和逃避现实的经济习惯，运用运筹学的方法，绝对可以预测可能的冲击组合（创造的事件），这些冲击组合是通过颠覆经济来**确保完全控制和征服人口所必需的**。该战略包括使用放大器（广告），当我们在电视上以一个10岁孩子能够理解的方式说话时，那么，由于所提出的建议，这个人将在下次在商店看到该产品时，冲动地购买。

"权力平衡将提供21世纪的世界[e]
可能实现的稳定，因为它将充斥着热情的部落主义和似乎难以解决的问题，如从南方到北方、从农场到城市的大规模移民。可能会出现大规模的人口转移，如第一次世界大战后希腊和土耳其之间的人口转移，以及大规模

的屠杀。这将是一个动荡的时代，需要一个统一者；一个亚历山大或一个穆罕默德。

"毗邻而居的民族之间出现的冲突--
在其激烈程度上，将优先于他们的其他冲突--
所带来的一个重大变化是，政治竞争将在区域内，而不是在区域之间。这将导致世界政治的转变。在美国和苏联跨洋作战的十年之后，这些大国将集中精力保护自己免受其境内--或境内--势力的影响。

"美国人民对经济一无所知，也不关心经济，因此他们对战争的态度总是成熟的。他们无法避免战争，尽管他们有宗教道德，也无法在宗教中找到解决他们世俗问题的办法。他们被那些发出冲击波、破坏预算和购买习惯的经济专家们惊呆了。美国公众还没有明白，我们控制着他们的购买习惯"。

我们到了。将国家划分为部落派别，让民众为生计而战，为地区冲突而担忧，这样他们就永远没有机会清楚地了解情况，更不用说挑战了，同时，造成世界人口的急剧减少。这就是在前南斯拉夫发生的情况，那里的国家被分割成小的部落实体，这就是在美国发生的情况，那里的普通家庭，父母都在工作，却无法维持生计。这些父母没有时间**关注他**们是如何被欺骗并被带入经济奴役的。整个事情是一个圈套。

今天我们看到--如果我们有时间的话--
美国正处于逐渐解体的边缘，这是塔维斯托克对美国民族进行   "控制
"的无声战争的结果。布什的总统任期是一场彻底的灾难，而克林顿的总统任期将是一个更大的冲击。计划就是这样制定的，我们人民正在迅速失去对我们的机构和我们的能力的信心，使美国成为它本来的样子--
与现在的样子相差甚远--被威胁要吞噬国家的外国人入侵--
就在我们自己的国家里的南-北入侵。

我们放弃了我们的实际财富，以换取更大的财富承诺，而

不是以实际价值进行补偿。我们已经落入了巴比伦
"资本主义   "体系的陷阱。"资本主义
"根本不是资本主义，而是资本的表象，表现为货币实际上
是以负资本表示的。这是欺骗性和破坏性的。美元具有货
币的外表，但它实际上是一张欠条，而且是一张奴隶制的
欠条。

我们所知的金钱将被战争和种族灭绝所平衡--
这正在我们眼前发生。商品和服务的总量就是实际资本，
货币可以印到这个水平，但不能超过这个水平。一旦货币
的印制超出了商品和服务的水平，它就会成为一种破坏性
和减损性的力量。战争是   "平衡
"系统的唯一途径，它杀死了那些债权人，人们温顺地放弃
了他们的实际价值，以换取人为膨胀的货币。

能源（经济）是所有尘世活动的关键。因此，人们常说，
所有的战争都是源于经济。一个世界政府--世界新秩序--
的目标必然是获得对所有商品和服务、原材料的垄断，并
控制经济的教学方式。在美国，我们不断地帮助一个世界
的政府获得对世界自然资源的控制，为此不得不让出我们
的部分收入。这被称为 "外国援助"。

塔维斯托克操作研究项目指出，

> "我们的研究已经确定，控制人们的最简单方法是让他
> 们不受纪律约束，对基本制度和原则一无所知，同时让
> 他们无组织、混乱，并为相对不重要的事情分心。

> "除了我们不太直接的长期渗透方法外，还可以通过脱
> 离心理活动，提供数学、逻辑、系统设计和经济学方面
> 的低质量公共教育课程，以及阻止技术创造力来实现。

> "我们的时尚需要情感刺激，增加使用煽动自我放纵的
> 放大器，无论是直接（电视节目）还是广告。在塔维斯
> 托克，我们发现，通过电子和印刷媒体中不断的性、暴
> 力、战争、种族冲突的抨击，进行无情和不屈不挠的情
> 感攻击和侮辱（心灵强奸），是实现这一目标的最佳途

径。这种永久性饮食可以被称为"精神**垃圾食品**"。

"修改历史和法律，让民众屈服于离经叛道的创造是最重要的，这让人们的思维从个人需求转移到构建和制造的外部优先事项。一般的规则是，混乱中有利润，混乱越大，利润越大。做到这一点的一个方法是创造问题，然后提出解决方案。

"必须分化人民，把成年人的注意力从真正的问题上转**移开来**，**用相**对不重要的话题支配他们的思维。必须让年轻人对数学一无所知；绝对不能有适当的经济和历史教学。所有小组都必须被无休止的问题和难题占据，以至于他们没有时间清楚地思考，在这里我们依靠的是不应该超过六年级学生心理承受能力的娱乐。

"维持原始经济的能量来源是原材料的供应，人们愿意工作，愿意在社会结构中占据一定的位置、一定的地位、一定的层次，即在结构的各个层面提供工作。

"因此，**每个**阶级都保证其收入水平，从而控制紧随其后的阶级，从而保持阶级结构。这种方法的最好例子之一是在印度的**种姓制度中**发现的，在这种制度中实行严格的控制，**确保可能威**胁到顶端精英的向上流动受到限制。这种方法实现了安全和稳定，以及政府的高层。

"当下层阶级通过通信和教育，对上层阶级的权力和财产有了了解和羡慕，精英阶层的主权就会受到威胁。随着他们中的一些人受教育程度的提高，他们试图通过对能源经济的真正了解来提升自己。这对精英阶层的主权**构成了真正的威**胁。

"由此可见，下层阶级的崛起必须推迟足够长的时间，以便精英阶级实现精力充沛的（经济）统治，经同意的劳动成为一个较小的经济来源。在尽可能实现这种经济支配之前，必须考虑到人民同意工作并让他人照顾他们的事务。如果不能做到这一点，将导致能源（经济财富）最终转移到精英控制的干扰。

"同时，必须认识到，在经济放大的过程中，公众同意仍然是释放能量的基本关键。因此，一个同意释放能量的系统是至关重要的。在没有子宫的情况下，必须提供人工安全，其形式可以是撤退、保护装置和庇护所。这样的外壳将为稳定和不稳定的活动提供一个稳定的环境，并为成长的进化过程提供庇护，即在一个对进攻活动提供防御性保护的庇护所中生存。

"它既适用于精英阶层，也适用于下层社会，但这两个阶层对待解决问题的方式有明显的区别。我们的社会科学家已经非常有说服力地表明，人们之所以创造一个政治结构，是因为他们在潜意识中希望延续童年的依赖关系。

"简单地说，潜意识的欲望所要求的是一个世俗的神，从他们的生活中消除风险，把食物放在桌子上，在事情不顺利时给他们一个安慰的拍子。人们对解决问题、消除风险的地球之神的需求是不满足的，这就产生了一个替代地球之神：政治家。公众对   "保护"的贪得无厌的需求得到了承诺，但政治家却很少或根本没有兑现。

"控制或制服扰乱其日常生存的人的愿望在人类中无处不在。然而，他们无法处理这种行动会引起的道德和宗教问题，因此将这一任务委托给专业的"杀手"，也就是我们统称的政治家。

"雇用政治家的服务有很多原因，基本上按以下顺序列出。

> 获得你想要的安全，而无需管理它。

> 在不需要行动的情况下得到一个行动，也不需要思考所需的行动。

> 为了避免对他们的意图负责。

> 在没有行使学习所需的纪律的情况下获得现实的好处。

"我们可以很容易地将一个国家分为两个亚类，即政治亚类和温顺亚类。政治家们担任准军事职务，其中最低的是警察，其次是检察官。总统一级是由国际银行家管理的。温顺的子国家通过同意，即通过征税，为政治机器提供资金。次国家仍然依附于政治次国家，后者以它为食，不断壮大，直到有一天它强大到足以吞噬其创造者--人民"。

如果结合我在《300人委员会》一书中描述的系统来阅读，就不难发现塔维斯托克的行动研究项目是多么成功，而且在美国更是如此。最近的统计数据显示，75%的六年级学生无法通过所谓的

"数学考试"。数学测试包括简单的初级算术，这应该能说明一些问题。数学根本就不是考试的一部分。我们应该感到震惊吗？你来判断吧。

VII.秘密行动

秘密行动--"詹姆斯-邦德
"故事的素材。正如我经常说的，詹姆斯-
邦德是一个虚**构的人物，但系列**电影中描述的组织是真实
的，只不过它被称为　　　　　　　　　"C　　　　　"而不是
"M"。英国的秘密情报和安全部门是　　　　　"詹姆斯-邦德
"中所描绘的那些。它们被称为MI5（内部安全）和MI6（
外部安全）。它们共同构成了世界上最古老的秘密情报机
构。他们也处于间谍技术和新技术发展的最前沿。这两个
部门都不通过议会对英国人民负责，而且都在广泛的战线
背后非常隐秘地运作。

这些机构的雏形可以追溯到伊丽莎白一世女王时期，创始
人被认为是伊丽莎白的国务卿弗朗西斯-
沃尔辛厄姆爵士，此后一直以不同的名称存在。我们的目
的不是要写一部这些超级秘密间谍机构的历史，而只是为
本章的主旨提供背景，即出于经济和/或政治原因的秘密行
动和暗杀。

最重要的是要记住，在几乎所有情况下，秘密行动都是被
国际法禁止的。说到这里，我还必须指出，制定禁止秘密
行动的法律是一回事，但执行这些法律又是另一件非常困
难的事情，因为各方都准备作出极端努力来保持行动的秘
密。杰拉尔德-福特总统禁止　　　　"从事或**阴**谋从事政治暗杀
"的行政命令在很大程度上被中央情报局所忽视。

布什不知道伊朗/康特拉秘密行动中发生了什么的借口不能
成立，因为休斯-
瑞安修正案是为破坏对这种辩护的支持而量身定做的。该

修正案旨在让中情局和其他美国情报机构承担责任和义务
。

> "...除非且直至总统确定每项此类行动对美国国家安全具
> 有重要意义，并及时向国会有关委员会，包括参议院外
> **交关系委**员会和众议院外交事务委员会报告，"

秘密行动就会变得非法。因此，如果里根总统或布什总统
知道伊朗/康特拉行动，或者他们不知道，那么参与行动的
人就属于非法行为。

在伊朗/康特拉秘密行动中，约翰-
波因德克斯特上将是里根总统和布什总统的
"替罪羊"，他们都声称对此毫不知情。这令人震惊，因为
这意味着两位总统对其军事和情报部门没有控制权。如果
波因德克斯特没有在证人席上说他从未将伊朗/康特拉行动
的细节告知布什，那么弹劾程序就会随之而来，而布什拥
有强大的保护力量，也不可能避免这种情况。在这一点上
，布什得到了国会议员李-
汉密尔顿的得力协助，他对秘密行动的调查进行得非常糟
糕，导致包括里根和布什在内的罪犯被彻底洗白。

除了 "詹姆斯-邦德"，最著名的军情六处特工可能是悉尼-
赖利、布鲁斯-洛克哈特和乔治-
希尔上尉，他们被借调到俄国，帮助布尔什维克打败敌人
，同时为英国黑人贵族争取大量的经济和原材料优惠，并
将**蛋糕分**给华尔街的金融家。也许最不为人所知（但却是
最有效的）的军情六处特工是萨默塞特-毛姆（Somerset
Maugham），这位杰出的英国作家在文学界以这个 "绵羊
"的名字闻名。

与大多数军情六处官员一样，毛姆的真名在他任职期间没
有被披露，直到他去世都是如此。悉尼-
赖利有三个秘密名字，还有八个其他名字（他有11本护照
），他的真名是西格蒙德-格奥尔基耶维奇-罗森布伦。

抛开布尔什维克主义、社会主义、马克思主义、共产主义

、费边主义和托洛茨基主义等所有名称，事实上，布尔什维克革命是300人委员会为了经济利益和控制俄国而强加给俄国人民的一种外来意识形态。

就这么简单，而且，一旦剥去所有的修辞和术语，"共产主义"的概念就更容易理解了。我们永远都不应该忽视这样一个事实：正如丘吉尔所说，在不可逆转地转向和失去之前，"俄国被抓住了头发"，并被倒**拖到一个直接来自地**狱的独裁政权，其建立主要是为了开采和控制其巨大的资源，这些资源即使在今天也远远超过了美国的资源，更不用说英国了，除了煤炭和少量北海石油之外，英国没有值得一提的资源。

正如伊丽莎白一世女王时期，她的控制者塞西尔家族与弗朗西斯-沃尔辛厄姆爵士建立了一个间谍系统，以保护她在英国的财产并监视世界各地的贸易，所以现代英国国王和女王也延续了这个传统。可以说，这些间谍组织的动机首先是经济，然后是国家主权。在这几个世纪中，没有什么变化。

这就是悉尼-赖利现在具有传奇色彩的访问俄罗斯的目的；为以阿尔弗雷德-米尔纳勋爵为首的英国黑人贵族、伦敦金融城的投资银行家和波士顿的美国婆罗门、金融家和华尔街大亨，最著名的洛克菲勒、J.P.摩根和库恩-勒布掌握俄罗斯石油及其他巨大的矿产宝藏。通过军事力量实现并维持的英国掠夺物的分享，在与中国进行的庞大且利润惊人的鸦片贸易的黄金时代成为一种传统。

美国老一辈的   "贵族"家庭在这一不可告人的交易中也是眉头紧锁。今天，你永远不会知道，因为他们的评判标准是他们的外在表现，即他们在最好的学校上学。

这群人身上涂满了一层油，沐浴在中国鸦片贸易的恶臭和污秽中，鸦片贸易给数百万人带来死亡和痛苦，同时使他们拥有的银行充满了淫秽的财富。

中国鸦片贸易中的盗贼名单就像美国社会登记簿上的一页：约翰-珀金斯、托马斯-纳尔逊-珀金斯、德拉诺、卡伯特、洛奇、罗素、摩根、梅隆。我们的 "精英 "家庭中没有一个不被鸦片财富所玷污。

阿尔弗雷德-米尔纳勋爵派军情六处的悉尼-赖利为英国和洛克菲勒的投资确保巴库地区的油田。布鲁斯-洛克哈特是米尔纳勋爵的个人代表，他控制着列宁和托洛茨基。当时的'汉萨德'，也就是相当于我们的国会记录，充满了愤怒和沮丧的表情，因为议会开始收集有关赖利的一些信息。劳埃德-乔治首相（Dwyfor伯爵）和他的内阁成员之间发生了愤怒的交流，并在**众**议院与议员进行了公开辩论。所有人都要求把雷利带回来，让他为自己在俄罗斯的活动负责。

但徒劳的是，雷利仍然无法触及，也不负责任。也许是有史以来第一次，英国公**众开始**隐约意识到，有一股无形的力量在议会之上。英国公众不知道也不可能知道雷利代表军情六处，而军情六处的权力远远大于他们在议会中选出的代表。那些试图打破保密墙的人毫无进展，所以他们等待着雷利回到英国，而这一切只有在结束后才会发生。

雷利和他的密友、布尔什维克秘密警察可怕的恐怖机构的负责人费利克斯-捷尔任斯基伯爵（两人都来自波兰的同一个地区），在据称试图越境逃跑时，上演了雷利被枪杀的一幕。掩护故事是，雷利的名字在一群拉脱维亚公民的文件中被发现，他们计划暗杀列宁。莱利在苏维埃俄国过着秘密的富足和辉煌的生活，直到为了完成计划，他乘坐一艘荷兰货船逃亡。莱利于1917年被华盛顿的英国军情六处负责人威廉-怀斯曼爵士招入麾下。雷利被他的上司曼斯菲尔德-史密斯-

坎明爵士描述为
"一个**阴**险的人，我永远无法真正信任他"。

萨默塞特-
毛姆在1917年为军情六处前往彼得格勒的任务就是这种任务的一个典型例子。洛克哈特被派往彼得堡支持亚历山大-克伦斯基的临时政府，他本应领导反对布尔什维克的 "临时"政府（南非叛变的领导人德克勒克被恰当地描述为
"南非白人的克伦斯基"，因为他的任务是组建一个 "临时"政府，让曼德拉和他的刺客团伙接管该国）。

英国议会和公众都不知道的是，克伦斯基的政府是被设计成失败的；他的工作是让人觉得真正反对布尔什维克政府的力量来自英国和美国，而事实上情况正好相反。在一个精心设计的圈套中，毛姆也被威廉-
怀斯曼爵士选中，去见克伦斯基，他带着15万美元（是的，主要是美国人的钱）途经日本，要在克伦斯基身上花费。毛姆于1917年6月17日**离开**，并于1917年10月31日见到了克伦斯基。

克伦斯基让毛姆给劳埃德-
乔治首相送去一张纸条，其中包含了对武器和弹药的急切请求。有趣的是，克伦斯基完全无视英国驻彼得格勒领事，他察觉到有事情在他背后发生，向劳埃德-
乔治发出愤怒的投诉，但没有得到任何道歉或解释。正如希尔上尉自己曾经说过的，'那些认为布尔什维克革命是由犹太**复国主**义分子启发和指挥的人可能有一些真理在他们一边'。怀斯曼、毛姆、希尔和赖利都是犹太人；但洛克哈特是一个纯粹的盎格鲁-撒克逊人。

英国首相对克伦斯基的照会的回应是非常简短的
"我不能这样做"。毛姆再也没有回到俄国，克伦斯基在1917年11月7日被布尔什维克推翻了。希尔上尉被派往军情五处，然后是军情六处。他被派往彼得格勒，就如何建立空军向托洛茨基提供建议，尽管俄国在技术上仍然是英国的盟友。

这一演习的目的是使俄国与德国处于战争状态，而英国因为德国在商业和金融方面的巨大成功而希望打败德国。同时，俄国将被削弱到无法长期抵御布尔什维克大军的程度。正如我们所知，这个骗局完美地奏效了。希尔上尉在建立CHEKA方面发挥了作用，CHEKA是强大的布尔什维克秘密警察和军事情报机构，是GRU的前身。

希尔的功绩之一是   "转让"罗马尼亚王室珠宝。希尔是武器和训练方面的专家，在使世界相信英国和美国真的在与布尔什维克的接管作斗争的宏伟设计中发挥了非常积极的作用。(在所有国家中，只有法国没有被欺骗。)在我多年后读到的文件中，OSS的负责人艾伦-杜勒斯被戴高乐谴责，他直言不讳地提醒他针对沙皇尼古拉二世和俄罗斯人民的伟大政变。

骗局的一个组成部分是，1918年6月23日，一支英法美联合部队在摩尔曼斯克登陆，由美国少将弗雷德里克-普尔指挥，表面上是为了协助俄国人打击布尔什维克。8月2日联军进入阿尔汉格尔斯克时，法国人真的以为他们是去攻击布尔什维克的，在那里发生了一些战斗。实际上，远征军有三个目标。

> (a)让人觉得英国和美国在与布尔什维克作战(b)保护俄军在该地区的大量武器弹药库，以及(c)通过让人觉得列宁是祖国的救星，为击退外国军队而战，帮助改变可疑民众对列宁的支持。

实际上，英美部队是去帮助列宁的，而不是去打红军。盟军部队要确保将弹药库移交给布尔什维克，并防止它被前进的德国人占领。几年后，美国国务卿乔治-马歇尔对中国元帅蒋介石重复了这一招，给毛泽东留下了一个巨大的武器库，供他在将中国改造成一个共产主义国家的斗争中使用。第三个目标是将那些在支持列宁方面犹豫不决的俄国人转化为正式的支持者。列宁利用摩尔曼斯克登陆事件来告诉俄罗斯人民。

"看，英国和美国的帝国主义者正试图从你那里偷走俄罗斯。加入我们保卫母亲俄罗斯的斗争中来吧!"

当白俄将军德涅金和弗兰格尔对红军取得巨大成功，将其赶出巴库地区并威胁到悉尼-
赖利为英国和美国（特别是洛克菲勒）石油利益集团所做的工作时，1917年与克伦斯基密谋的劳埃德-乔治与一位 "美国公民个人   "威廉-布利特一道，实际上是洛克菲勒和华尔街银行家的特使。他们一起对各自的国家实施了叛国行为。

1919年1月，彼得-
杰尼金将军在格鲁吉亚、亚美尼亚、阿塞拜疆和突厥斯坦（石油地区）击败了布尔什维克，并在当月晚些时候将布尔什维克赶出了高加索地区，几乎推进到了莫斯科的大门。布利特和劳埃德-
乔治随后通过停止武器、弹药和资金的供应，切断了白俄的**关系。根据**劳埃德-
乔治在9月发出的信号，美英部队放弃了阿尔汉格尔斯克，于1919年10月12日**离开摩**尔曼斯克。

请注意这个行动的完美时机。远征军除了在阿尔汉格尔斯克进行了一些轻微的战斗和对布尔什维克部队进行了一些其他的小规模战斗外，唯一做的事情就是在海参崴的街道上游行，支持列**宁的**论点，即那里有英美帝国主义士兵决心接管母国。1920年11月14日，一切都结束了，最后一支白俄军队踏上了前往君士坦丁堡的旅程。

在美国人和英国人不知道发生了什么的情况下，最大的一块拼图被成功完成。今天，俄罗斯也在进行类似的程序，"前共产主义者   "鲍里斯-叶利钦被西方视为一种俄罗斯民间英雄，试图将俄罗斯从共产主义的复兴中   "拯救
"出来。正如1917年一样，今天也是如此：美国公众不知道俄罗斯到底发生了什么。

剧情并没有结束：当列宁开始成为布鲁斯-
洛克哈特演习的障碍时，他被暗杀未遂；洛克哈特被逮捕
并随后被换成了布尔什维克马克西姆-
利特维诺夫，莫斯科的布尔什维克法庭缺席宣判了死刑。
这样一来，军情六处就以最精湛的方式玩起了游戏，就像
今天仍然如此。此外，列**宁是死于梅毒，而不是死于在多**
拉-卡普兰手中受到的伤害。

也许值得详细介绍一下希尔上尉的活动。我在伦敦的白厅
档案馆所查阅的文件揭示了很多关于军情五处第二代官员
希尔的活动。希尔的父亲显然在沙皇尼古拉二世时期在与
塞萨洛尼基有联系的犹太商人圈子里非常活跃。

希尔的儿子乔治住在伦敦，是华尔街和伦敦市支持布尔什
维克的金融家的军情五处信使；资金是通过伦敦剧院的宠
儿马克西姆-
高尔基输送的。1916年，他被提升为军情六处，并被军情
六处负责人曼斯菲尔德-
坎明爵士派往萨洛尼卡。希尔从萨洛尼卡向康明传递了关
于布尔什维克的进展情况，他们正在准备即将到来的革命--
这已经比计划提前10年了。1917年11月17日，在帕尔沃斯
（Alexander
Helpland）的推荐下，康明把希尔送到莫斯科，在那里他立
即成为托洛茨基的个人助理。希尔起草了一份军事情报计
划，该计划被接受并成为GRU的基础，希尔和托洛茨基是
该组织的创始人。

CHEKA仍然在捷尔任斯基的控制之下。后来，根据白厅文
件，在耶路撒冷的要求下，希尔被派往中东，在那里他开
始组织和训练犹太伊尔贡和斯特恩团伙，其中绝大多数的
军官和官兵来自布尔什维克俄国。希尔为伊尔贡设立的情
报部门后来被以色列特工部门采用，成为摩萨德。

英国特工部门是最擅长秘密行动的。战争期间军情六处的
负责人斯图尔特-孟席斯爵士曾说，艾伦-
杜勒斯缺乏真正理解秘密行动的洞察力。无论如何，军情

六处组建并训练了OSS，即中央情报局（CIA）的前身。秘密行动可以说是情报工作中最耸人听闻的部分，它通常涉及相当常规的活动，如监测世界各地的经济活动，为国家政策制定者准备报告，据说他们是政府中决定采取什么行动方案的部分，如果有。

法律不允许军情六处和中情局插手国内事务或监视公民，它们的职能仅限于外交事务。但在过去三年中，这些界限变得非常模糊，这应该引起人们的严重关切，但不幸的是，没有采取积极措施来阻止这种情况。秘密行动在外交和欺骗之间走着钢丝，有时当步行者滑倒时，如果秘密行动不能被否认，其结果会非常尴尬，伊朗/康特拉事件就是如此。

秘密行动要求情报机构制定一个方案来实现特定的外国目标。这往往会影响到外交政策，而这并不是情报部门的职责。一个很好的例子是乔治-
布什总统表达的偏执，他希望从字面上摧毁伊拉克总统侯赛因，并通过经济和军事渠道采取秘密行动。

布什在杀死侯赛因的失败尝试中总共浪费了4000万美元，其中尝试了书中的每一种伎俩，包括将病毒装在小瓶中，藏在革命司令部。最后，布什被他对侯赛因的仇恨所征服，向巴格**达和巴士拉投放了**40枚巡航导弹，借口是攻击"核武器工厂"和防空基地，这些都是明显的荒谬。

一枚巡航导弹被故意设定为击中巴格达市中心的阿尔-
拉希德酒店，当时那里正在举行穆斯林领导人会议。攻击"拉希德
"号（该导弹从发射到到达目标区域都被俄罗斯卫星跟踪）的想法是杀死几个穆斯林领导人，这将使他们的国家反对伊拉克，**帮助推翻伊拉克**领导人对侯赛因总统的反击。

对布什来说，不幸的是，导弹落在大楼前面20至30英尺处，震碎了三层楼高的门窗，杀死了一名接待员。穆斯林代表中没有人受伤。五角大楼和白宫提出的软弱和幼稚的借

口，即导弹
"被伊拉克高射炮打偏"，是如此的荒谬，以至于DGSE（法国特勤局）怀疑该报告是真的还是私人秘密机构的工作。

俄罗斯军方对其卫星提供的数据充满信心，告诉美国政府，其解释是错误的--
而且他们有证据证明这一点。按每枚导弹100万美元计算，布什的偏执行为已经使美国纳税人损失了4000万美元--
再加上4000万美元的隐性价格。显然，迫切需要一个机制来遏制未来的总统，他们在任期的最后几天可能会寻求效**仿布什所**树立的令人震惊的榜样。

一个政府往往可以对自己的人民采取秘密行动。以阿尔杰-希斯和洛克菲勒家族的案例为例。正如石油公司所说，他们 "对美国没有特别的义务"。从大卫-洛克菲勒和英国石油公司与布尔什维克的安排来看，情况**确**实如此。美国最终推动了社会主义和共产主义，作为对布尔什维克给予洛克菲勒和阿曼德-
哈默的石油特许权的奖励。这无疑证明了他们的主张，即石油工业不一定忠于美国。

1936年，阿尔杰-希斯受到弗朗西斯-B-
的邀请。赛尔，伍德罗-
威尔逊的女婿，加入国务院。RIIA和CFR决定，希斯是一个可靠的人，他会听命于人，不管这对美国是否有利。事实上，希斯是洛克菲勒的第一选择，而不是萨伊尔的选择，但洛克菲勒一直躲在暗处。1936年的这个时候，当萨伊尔进行接触时，希斯已经深深卷入了为苏联进行的间谍活动，这一事实被他的哈佛大学法律教授所熟知。

当希斯被提升为国务院政治关系副主管时，钱伯斯和一个叫莱文的人**揭穿了希斯的身份**，说他在为苏联积极工作。钱伯斯带着他的指控去找的人是马文-麦金泰尔（Marvin McIntyre），他没有把信息传递给罗斯福，而罗斯福是他的老板。相反，他把钱伯斯转给了当时在国务院负责安全事务的助理国务卿阿道夫-A-

贝勒。伯尔带着这个故事去找罗斯福,但却被总统突然驳回了。

伯尔并不气馁,将他的信息传递给了艾奇逊院长,但希斯绝对没有任何事情。他没有被要求解释自己;相反,他被罗斯福提拔为洛克菲勒-
联邦调查局的傀儡,就像罗斯福的所有工作人员一样。1944年,希斯再次获得提升,被提拔为远东事务主任的特别助理,在那里他可以很好地为苏联在亚洲的扩张主义计划服务。

为了证明洛克菲勒的傲慢,在希斯是国家的一颗新星时,联邦调查局一直有他的档案。他被在加拿大渥太华GRU(苏联军事情报局)办公室工作的苏联叛逃者伊戈尔-
古增斯基(Igor
Gouzensky)告发。国务院官员对希斯和他的苏联关系了如指掌,罗斯福总统也是如此,但却没有采取任何措施将他赶走。

在洛克菲勒**筹划**联合国时,他和斯大林达成了一项交易,即联合国不干涉俄罗斯事务,以换取洛克菲勒石油公司的苏联石油。布尔什维克也不会插手沙特阿拉伯或试图进入伊朗。被任命在联合国代表洛克菲勒的人是阿尔杰-
希斯。他的直接上司是纳尔逊-洛克菲勒,他向约翰-
福斯特-
杜勒斯下**达命令**。罗斯福、杜勒斯、联邦调查局和洛克菲勒都知道,希斯在与苏联合作。

由于标准石油公司的干预,联合国的控制机制被从美国人手中夺走。秘书长被授予权力,可以任命他想任命的人。由于他的背叛行为,希斯在卡内基国际和平捐赠基金中获得了一个特殊的职位,年薪2万美元,这在当时是非常不错的收入。这个想法是要把希斯置于法律之上。

事实上,希斯凌驾于法律之上,因为他以叛国罪和背叛罪脱身。希斯没有被指控叛国,而是被指控作伪证。然而,有权势的人立即赶来为他辩护。最高法院法官费利克斯-法兰克福特（Felix Frankfurter）向希斯颁发了良好声誉证书，洛克菲勒为他支付了10万美元的法律费用。

在与钱伯斯对峙时，希斯正担任联合国协会执行委员会成员、太平洋关系研究所总干事，并且是CFR的主要成员以及**卡内基基金会的主席。希斯之家是建立在石油工业上的**，从来没有像希斯那样的石油工业滥用权力的案例。当希斯被绳之以法时，石油工业没有表现出对政府的恐惧；事实上，石油工业几乎解雇了它的商人，如果不是希斯跌倒，它也会这样做。希斯案是政府反对其人民的一个好例子。

在伊朗，美国目前正在利用该国境内的地方团体并与其他流亡者合作，对合法政府采取秘密行动。美国对伊朗政府日益增长的武器集结感到震惊，并将运往该国的武器置于特别监视之下。

此外，由于真主党的活动和伊朗愿意为被认为敌视以色列的团体提供安全避难所，两国之间仍然存在着大量的恶意。因此，出现了对中东稳定的危险。伊朗对美国及其中东盟友沙特阿拉伯、埃及和以色列的敌意越来越强。很明显，这些国家正在酝酿麻烦，这可能解释了为什么以色列情报部门说，伊朗将比中央情报局预测的更早成为一个核国家。**另一方面，伊朗人声称**，这只是以色列的另一个伎俩，让它所谓的"其大哥像对侯赛因那样攻击我们"。

伊朗政府现在在整个西欧拥有一个特工网络，在德国的实力尤其强大。这些特工在沙特阿拉伯也很活跃，德黑兰对该国的王室极为蔑视。伊朗政府是苏丹十个伊斯兰原教旨主义营地的主要资助者和后勤支持者，埃及总统胡斯尼-穆巴拉克于1992年12月就此向美国国务院提出申诉。该投诉未被公开。

苏丹的十个训练营地是

> **Iklim-al-Aswat**.这是十个营地中最大的一个，由革命指挥委员会成员苏莱曼-穆罕默德-苏莱曼上校管理。来自肯尼亚、摩洛哥、马里和阿富汗的原教旨主义者在那里训练。

> **比拉尔**。该营地位于红海的苏丹港，是反对穆巴拉克政权的埃及原教旨主义者的一个重要训练基地。据最后统计，有108人正在接受训练，包括16名埃及医生，由坦达的埃米尔-吉哈德指挥。

> **索瓦亚**。该组织位于喀土穆附近，于1990年重组，现在以人民保卫队的名义训练阿尔及利亚和突尼斯原教旨主义者。

> **Wad Medani**.这个营地容纳了来自肯尼亚、马里、苏丹和索马里的非洲原教旨主义者，由阿卜杜勒-穆努伊姆-查克卡上校指挥。

> **唐科拉**。它位于苏丹北部，是埃及原教旨主义者Al Najunmin的主要营地，该组织由已故的Majdt As Safti创立，他不得不在1988年逃离埃及。营地里还有埃及团体Shawkiun的成员和40名Al Afghani团体的阿尔及利亚人。

> **杰希德-哈克**。在这里，巴解组织、哈马斯和圣战组织在萨迪克-法德勒中校的指挥下进行训练。

> **乌姆杜尔曼**。在这个阵营中，有100至200名属于伊斯兰教团体的埃及原教旨主义者在训练，他们被认为比其他决心结束穆巴拉克政权的团体更加激进。

> **Aburakam**。这个营地是多达100名阿富汗人、巴基斯坦人和伊朗人的训练基地。

> **喀土穆-**

巴赫里。这可能是十个营地中最大的一个，容纳了300名来自赎罪和移民组织的突尼斯、阿尔及利亚和埃及原教旨主义者，他们在民防民兵的穆罕默德-阿卜杜勒-哈菲兹上尉的指挥下进行训练。

> **Urn Barbaita**.该基地位于苏丹南部，是由伊朗和苏丹专家对军事精英进行爆炸物和武器使用培训的基地。

这些营地在阿拉伯人民伊斯兰大会堂的办公室里协调，靠近埃及驻喀土穆大使馆。这是一个非常现代化的设施，拥有最新的通讯设备，使国会能够与其他国家的伊斯兰原教旨主义运动领导人保持联系。众所周知，GCHQ从塞浦路斯监控这个重要办公室的通信，包括与埃及圣战穆夫提谢赫-奥马尔-阿卜杜勒-拉赫曼的通信。

谢赫-拉赫曼（Sheikh Rahman）被认定无罪，因为他密谋暗杀已故埃及总统安瓦尔-萨达特（Anwar Sadat）。获释后，他移居美国，在新泽西的一座清真寺里协调原教旨主义活动。据说谢赫-拉赫曼资助了几百名阿拉伯人，这些人被美国强迫离开巴基斯坦，美国通过公开和秘密的活动向巴基斯坦政府施压，以打击该国的伊斯兰原教旨主义者。针对巴基斯坦的秘密行动有多种形式，但腐败是关键因素。

正在进行的最疯狂的秘密行动之一是以西岸、加沙和以色列为中心。中情局、哈马斯、叙利亚和伊朗都参与其中。哈马斯是使以色列生活困难的原教旨主义团体。德黑兰已经接过了利雅得留下的火炬。在利用外交手段的既定秘密行动中，美国说服沙特阿拉伯，伊斯兰原教旨主义狂热分子可以而且很可能在未来威胁到它。

伊朗政府利用军情六处向已故阿亚图拉-霍梅尼传授的技术，将这些技术应用于哈马斯，事实证明非常有效。习惯于能够不费吹灰之力渗透到巴解组织的以色列情报部门发现，他们与哈马斯打交道的情况有所不同。以色列边防军人Nissim Toledano的案件就是一个很好的例子。托利达诺于1992年12月14日被谋杀，以色列内部安全机构Shin Beth仍然没有关于谁是凶手的线索。

还有另一起未解决的谋杀案，即1993年1月3日在耶路撒冷的公寓里被杀的辛贝斯特工哈伊姆-纳哈姆。据贝鲁特的消息来源称，以色列情报部门感到困惑，并私下承认，驱逐415名被怀疑是哈马斯领导人的巴勒斯坦人并没有阻止哈马斯在驱逐前的水平上运作。以色列人发现，哈马斯是以伊朗军情六处的模式为基础的，细胞内有小规模的、广泛分散的团体，它们之间没有有组织的联系，呈现出一个难以打破的阵线。

最有可能成为哈马斯核心的人是阿兹丁-卡萨姆。根据情报来源，大约有100个小组，每个小组有5名成员。这些小组都是自主的，但一个由七个人组成的小组，其中一个是塔里克-达尔卡穆尼，可能会帮助协调活动。据信，达尔卡穆尼取代了谢赫-艾哈迈德-亚辛，后者自1989年以来一直被关在以色列监狱。

哈马斯的诞生是伊朗政府批准的秘密行动的结果，在叙利亚大马士革的外交掩护下运作。1987年3月，在加沙地带举行了一次会议，伊朗和叙利亚人员参加了会议，起义由此诞生。伊斯兰协商会议（Maijlis as-Shura）派穆罕默德-纳扎尔（Mohammed Nazzal）和易卜拉欣-戈什（Ibrahim Gosche）去会见伊朗驻叙利亚大使阿里-阿哈尔提（Ali Akharti）。

叙利亚情报部门负责人阿里-杜巴将军也在现场。这是一个相当好的例子，说明了如何利用外交渠道和私人当事方开展秘密行动。

在1992年10月21日的成功会晤后，伊斯兰议会代表团在原

134|

教旨主义领导人阿布-
马尔祖克的陪同下前往德黑兰，在那里他们会见了艾哈迈
德-
贾布里尔的解放党、黎巴嫩真主党、法塔赫和哈马斯的其
他原教旨主义领导人。与伊朗政府官员进行了讨论，最终
达成协议，伊朗将提供资金、后勤和军事人员，在苏丹的
营地培训原教旨主义者。

成立了一个由12人组成的管理委员会，包括穆罕默德-
西亚姆（喀土穆）、穆萨-阿布-
马尔祖克（大马士革）、阿卜杜勒-尼姆尔-
达里奇、伊马德-阿拉米、阿卜杜勒-拉齐兹-
伦提西（加沙）（被以色列驱逐的415名巴勒斯坦人之一）
、易卜拉欣-戈舍和穆罕默德-尼扎姆（安曼）、阿布-
穆罕默德-
穆斯塔法（贝鲁特）。这个小组接受了军情六处用于扳倒
伊朗国王的方法的培训，迄今为止，事实证明它很难试图
渗透到哈马斯。

当人质危机时达成的协议据称被华盛顿破坏时，伊朗加紧
了对德黑兰政府认为的美国亲以色列政策的积极反对阶段
。利用真主党对美国采取秘密行动的目的是向美国公众舆
论施压，使其反对以色列。伊朗在这里使用了传给推翻伊
朗国王的人的塔维斯托克人际关系方法。

塔维斯托克的创始人和杰出的技术人员约翰-罗林斯（John
Rawlings　　　　　Reese）随后改编了　　　**"运筹学**
"的军事管理技术，以便将其应用于
"对社会的控制，从单个单位到数百万个此类单位，即个人
和他们共同构成的社会和国家"。为了实现这一目标，需要
快速的数据处理，而这是在1946年由乔治-
B.发明的线性编程发展起来的。但泽。重要的是，1946年
是塔维斯托克向美国国家宣战的一年。这为全面控制人口
铺平了道路。

阿亚图拉-

霍梅尼的德黑兰政府允许建立一个称为真主党的秘密行动组织。后来，通过真主党，一些美国人和其他外国国民被从贝鲁特和中东其他地区绑架，并被关押在秘密地点。五人牢房系统运作完美。军情六处和中情局都没能破解真主党的密码，人质被折磨了多年，直到美国被迫承认失败并与真主党进行谈判。

双方**达成**协议，在真主党关押的最后一名人质获释后不久，美国将解冻伊朗的银行账户和金融工具，估计价值120亿美元。美国还将释放由沙赫订购并支付的、但尚未交付的军事装备，估计价值3亿美元。此外，伊朗将被允许加入海湾合作委员会，这样它就可以参与有关以色列的审议工作。此外，美国承诺不在其国界内进行针对伊朗的秘密活动，不寻求惩罚在德黑兰避难的真主党绑架者。

然而，德黑兰表示，华盛顿没有遵守任何一项承诺，是不真诚的行为。银行账户没有被释放，伊朗国王支付的军事装备没有归还伊朗，中情局事实上加强了在该国的秘密活动，伊朗仍然被排除在海湾合作委员会之外。德黑兰愤怒地指出，在德黑兰发生的恐怖袭击事件有所增加，这些袭击始于1992年最后一名人质被移交后。

帕斯达兰指挥官指责中央情报局在圣战者组织领导人马苏德-拉贾维和巴巴克-
霍拉姆丁周围建立了一个保皇派网络，并策划了对帕斯达兰军营、公共建筑（包括一个图书馆）的袭击，对已故哈希米-拉夫桑贾尼的葬礼队伍的袭击，以及对阿亚图拉-霍米尼坟墓的亵渎。美国媒体没有报道这些攻击。官方称，美国和伊朗之间的外交关系良好。

再来看看哈马斯。伊朗和叙利亚利用外交渠道，试图影响法国秘密支持哈马斯。作为法国和叙利亚之间的中间人，黎巴嫩百万富翁罗杰-埃德（Roger Edde）找到了外交部长罗兰-杜马（Roland Dumas）。叙利亚就购买新的雷达装置向杜马施压，大马士革说该装置将由法国巨型企业集团汤姆森公司购买。据报道，如果伊斯兰原教旨主义者的事业不被爱丽舍看好，叙利亚对法国的债务支付可能被推迟。然而，法国政府官方一直坚持不支持哈马斯。与雷达的联系被委托给了美国的雷神公司。债务的支付被推迟了，给法国带来了极大的不便。在对外方面，叙利亚和法国之间的外交关系仍然很友好。

伊朗与英国和美国情报部门的旧账可以追溯到1941年和1951年，当时军情六处和中央情报局对伊拉克采取了粗暴的秘密行动，使穆罕默德-摩萨台博士倒台。虽然它属于这一章，但艾奇逊、洛克菲勒、罗斯福和杜鲁门如何颠覆伊朗的故事是在洛克菲勒的中东石油交易一章。

当伊朗国王**开始反**对武装抢劫在伊朗拥有特许权的美国和英国石油公司时，中情局和军情六处在伊朗得到了第二次机会。石油公司随后与**卡特**总统达成协议，并启动了摩萨台行动的复制品。60名中情局特工和10名军情六处特工被派往德黑兰，以破坏沙赫，使其倒台并最终被暗杀。

秘密行动并不总是指情报行动和得到政府支持的恐怖组织。它可以而且**确**实采取了技术合作的形式，特别是在通信监视和监测领域。由于它通常不引人注目，这种类型的"间谍活动"并没有引起人们的注意，但它是通过欺骗进行外交的最明显的例子之一。

世界上最大和最全面的**两个**监听站分别位于英国和古巴。位于英国切尔滕汉姆的政府通信总部（GCHQ）可能是间谍活动领域最严重的犯罪者之一。尽管美国宪法禁止对其公民进行间谍活动，但美国国家安全局（NSA）与GCHQ密切合作，在其正在进行的全球监控行动中欺骗两国的民**众。美国国会要么**对正在发生的事情视而不见（不可想象），要么**很可能被吓得不敢阻止**这些每天都在发生在国家安全局的非法行为。

除切尔滕纳姆设施外，英国政府还从其位于伦敦的埃德伯里桥路电话监听设施中监听其公民的电话交谈。有些协议是在外交层面上达成的，这使得它们对签署国的公民来说不失为一种欺骗。UKUSA是那些典型的欺骗性外交协议之一。据说UKUSA只在军事情报层面工作，但我的消息来源说这不是真的。它最初是英国和美国之间的外交协议，但该公约被扩大到包括北约国家、加拿大和澳大利亚。

然而，近年来，它还包括瑞士和奥地利，而且现在有证据表明，往来于商业公司的交通受到监控，甚至包括英国的欧共体**伙伴、日本、南非和伊朗**。军情六处有一个独立的经济情报收集部门，称为海外经济情报委员会（OEIC）。事实上，由于这个部门的扩大，军情六处不得不从俯瞰安**妮女王**门的百老汇大楼搬到伦敦北兰贝斯地铁站附近的世纪大楼。

美国现在有一个新的情报收集机构，称为信息安全监督办公室（ISOO），它与英国的同行在工业、贸易以及工业安全方面进行合作。ISOO与美国的国际计算机辅助采购和物流支持行业指导小组合作。其活动涉及商业技术的监管。

300人委员会控制着这些组织，是决定强迫英国和瑞士采用下一代256字节算法的移动蜂窝电话遵守英国和美国安全部门的   "间谍要求"的背后强大的看不见的力量。几乎可以肯定的是，只有采用56字节算法的ASX5版本才会被允许，这种算法更容易窃听电话。这是政府用来秘密控制其人口的方法之一。

1993年1月，国家安全局和GCHQ的代表举行了一次会议，会上他们宣布只授权使用不太复杂的AS5X版本。没有与美国国会讨论，没有公开论坛，这是美国宪法的要求。在已经存在难以破译的A5手机的情况下，它们被召回进行"技术调整"。技术调整包括用509字节的A5Z芯片取代256字节的A5芯片。这就是非法间谍活动如何变得越来越容易进行，因为美国人民在许多不同但相互关联的层面上被欺骗性的外交活动所欺骗。

甚至付费电话也受到了安全部门的审查。例如，在纽约市，在 "打击犯罪"的幌子下，公用电话系统被操纵，使电话无法接收来电。纽约警察局认为它可以防止付费电话被用于毒品交易，例如，或者防止有组织的犯罪分子私下里相互交谈。它的效果不是很好，但也有成功的例子。

最新的技术是给所有公共电话一个特殊的号码。在一些欧洲国家，付费电话以98或99结尾。这使得在公用电话被用于 "安全 "谈话时，可以迅速 "追踪 "公用电话；只有从公用电话打电话才不再 "安全"。在真实的案件中，例如犯罪正在进行中或绑架者要求赎金时，这的确是一个非常有用的工具，但在不涉及犯罪的情况下，个人的隐私会发生什么变化？无辜公民的电话交谈是否被窥视？答案是一个明确的 "是"。

公众对美国正在发生的事情一无所知，而国会似乎没有完成任务。在这个国家发生的大规模潜在的破坏性监控都是不合法的，所以欺骗行为继续不受限制。在监督外国间谍活动方面，国会似乎行动迟缓，而且根本不倾向于对国内公民间谍活动的泛滥采取行动。

国会对美国宪法所保障的隐私权的这种冷漠，与每当讨论外部问题时所表达的关切形成了奇怪的对比。中情局局长小詹姆斯-伍尔西向国会提交了一份 "威胁分析清单"，其中包括中情局对拥有先进地对空导弹等的国家的评估。伍尔西告诉国会，叙利亚、利比亚和伊朗拥有可操作的巡航导弹，能够探测到 "隐形 "飞机并威胁到海湾地区的美国海军部队。

众所周知，巴基斯坦也拥有这种巡航导弹，而且一旦爆发战争，最有可能对印度使用这种导弹。美国政府长期以来一直在寻求一种外交策略，据此将印度和巴基斯坦互相牵制。美国担心巴基斯坦会利用其火箭弹帮助叙利亚和伊朗对抗以色列，如果'**圣**战爆发，这很可能发生。美国正在使用所有的外交伎俩和秘密行动来劝说巴基斯坦不要考虑与

伊朗联手进行 "**圣战**"，让巴基斯坦使用其核武器。

秘密行动使情报工作从被动转为主动，在性质上与使用武力密切相**关**，**往往以外交**为幌子。在这两种情况下，它都是针对外国政府或团体在其境内的手段行动。第12333号行政命令中**关于秘密或特殊活**动的定义毫无意义，毫无价值，原因有二。

> "特别活动是指在国外支持国家外交政策目标的活动，其计划和执行的方式使美国的作用不明显或不被公开承认，以及支持这种活动的职能，但其目的不是为了影响美国的政治进程、公众舆论、政策或媒体，不包括外交活动或收集和制作情报或相关的支持行动。"

首先，行政命令显然是非法的，因为它们是公告，而公告只能由国王发布。美国宪法中没有任何规定允许行政命令。其次，即使上述准则是合法的，也不可能遵守。例如，只有非常不知情的人才会相信，美国并没有导致伊朗国王的倒台，或者中情局在伊朗没有发挥影响美国政治进程的作用。在今天的世界里，如果中情局遵守12333号行政命令，它就会破产。

但是，还有我们前面提到的中情局和军情六处掌握的其他秘密武器，它们可以绕过所有书面限制，无论提出的限制有多高。在塔维斯托克开发的系统是最广泛使用的，正如我们在上面指出的，它是大规模社会控制和大规模种族灭绝的最佳武器，是控制人民的最终目标。

暗杀是秘密活动的一部分，尽管没有一个政府会承认它赞同把谋杀作为解决被认为不可能通过其他手段解决的外交和国内政策问题的手段。我不打算列举所有因秘密活动而发生的暗杀事件，这将需要一本自己的书。因此，我将把我的叙述限制在最近的和著名的外交或政治背景下的暗杀事件。

在萨拉热窝杀死费迪南大公夫妇的枪声在全世界引起了共鸣，人们普遍认为这是第一次世界大战的起因，虽然事实并非如此，但这是为普通民众准备的认知。塔维斯托克现在正在做 "有准备的认知"的工作。英国和俄罗斯的情报部门在很大程度上参与了枪击事件。就英国而言，与德国开战的愿望是其动机，只要**涉及到俄国，其目的就是要**让俄国卷入这样一场战争，从而为即将到来的布尔什维克革命削弱它。

黑人民权领袖马丁-路德-金遇刺案是一个值得仔细研究的案件，因为它充满了秘密活动和腐败的味道。美国国家，特别是公众，确信詹姆斯-厄尔-雷**开了**杀死国王的那一枪。这就是 "有准备的看法"。问题是，目前还没有人能够确定雷在1968年4月5日下午6点01分在汽车旅馆的房间里，在窗口，手里拿着枪。

雷坚持认为自己是无辜的，他说是被拉乌尔陷害的，拉乌尔是雷在孟菲斯遇到的一个卖枪的神秘人物。4月5日下午5点50分左右，雷说拉乌尔给了他200美元，让他去看电影，这样他、拉乌尔和枪手到达后，可以比他（雷）在场时更自由地说话。在研究雷声称他是 "替罪羊"时，请注意以下情况，这些情况加在一起似乎支持雷，并削弱了金的 "有准备的看法 "的情况。

1) 监视金的孟菲斯警察站在金出现的洛林汽车旅馆的阳台下。其中一位名叫所罗门-琼斯（Solomon Jones）的人报告说，他在阳台对面和正前方的一丛灌木中观察到一个脸上蒙着白布的人。*纽约时报》*记者厄尔-考德威尔也看到了这个人。考德威尔说：'他当时处于一个弯腰的姿势。我没有看到那人手中有枪......"琼斯和考德威尔都没有被任何警察部门询问过关于他们所目睹的情况。

2) 威利-格林（Willy Green）是一名机械师，他被雷请去修理他的野马车的爆胎，他清楚地记得在金被枪杀前几分钟与雷交谈。发生事件的加油站距**离雷所住的孟菲斯南大街的公寓楼有四个街区**。雷不可能在同一时间出现在两个不同的地方。

3)   枪声的进入角度与乔丹和考德威尔提到的从灌木丛中发射的子弹一致。这与从雷的窗户射出的子弹不一致。

4)   据称用于杀害金的枪支如果是从窗口发射的，应该被卡在浴室的墙上。浴室在其他方面不够大，然而当联邦调查局检查浴室时，墙壁上没有任何痕迹，更不用说枪托的任何损坏。

5)   当警长们赶到他们认为枪声来自的公寓时，前门处什**么都没有**。枪声响起后不到两分钟，副警长弗农-多洛赫特就来到门口。他告诉调查人员，门附近没有任何东西。然而，在多洛赫特走进吉姆烧烤店的几秒钟里，就在公寓的隔壁，有人留下了一个包裹，里面有拳击手--
雷的尺寸不对--
一副望远镜和在门边人行道上擦干净的猎枪的指纹。

雷应该能够从他站着开枪的浴缸里跳出来，把望远镜和枪上的指纹和掌纹擦干净，把它们和几罐啤酒（也擦干净了）一起**扔**进一个袋子里，冲下走廊85英尺，下了一层楼梯，钻进他停在不远处的野马车里--
所有这些都是在不到20秒的时间里，在此期间，多洛赫特副警长离开了公寓门。

6)   雷之所以能够前往加拿大和英国，只是因为他说从拉乌尔那里得到了200美元，但当他被逮捕时，雷身上有1万美元的现金。雷使用的名字之一是埃里克-斯塔沃-盖特（Eric Starvo
Galt），他是一名加拿大公民，与雷有着**惊人的相似之**处，他的名字曾出现在一份绝密档案中。雷表示，他是自己在加拿大找到高尔特的；没有人给他指示或钱。雷所使用的其他名字也是住在加拿大的人的名字：乔治-雷蒙德-斯奈德和保罗-布里奇曼。

7)   孟菲斯房舍的账本丢失了，一直没有找到。唯一能将雷与金的谋杀联系起来的证人是一个醉汉，查尔斯-
Q。斯蒂芬斯的妻子表示，枪击事件发生时，她的丈夫正处于醉酒状态，没有看到任何东西。起初，斯蒂芬斯说他没有看到任何东西，但在晚上晚些时候，他改成了第二个版本。

"我看到是谁干的，是个黑鬼，我看到他从卫生间跑出来......."出租车司机James McGraw说，4月5日下午，Stephens喝醉了。贝西-布鲁尔听到斯蒂芬斯改变了主意，他说："他喝得很醉，**什么都没看**见。"一位名叫欧内斯特-威瑟斯（Ernest Withers）的新闻摄影师说，斯蒂芬斯告诉他，他什么也没看到。

没有一个调查机构对斯蒂芬斯感兴趣，直到警察突然给他看了一张雷的照片，唤醒了他的记忆。这时，斯蒂芬斯声称，雷是他看到的那个从出租屋**跑出来的人**。联邦调查局将斯蒂芬斯安置在一家价值31,000美元的酒店，以 "保护"他，但没有说是为了保护谁。然而，斯蒂芬斯的小妾格蕾丝-瓦尔登被一名身份不明的孟菲斯市政府雇员神秘地强行带到了孟菲斯精神病院。沃顿能否挫败政府对雷的唯一证人的证词？

沃尔登被关押在该设施中，她的律师对联邦调查局、孟菲斯警察和县检察官提起诉讼，指控他们合谋剥夺沃尔登的公民权利。她声称，当枪声响起时，斯蒂芬斯喝完酒正准备昏倒。她说，在她听到枪声后不久，她看到一名白人男子，手中没有枪，离开了客房的浴室。

8) 对雷的审判是一场滑稽的审判，这一点是无可争议的。他的律师珀西-福尔曼（Percy Foreman）在许多专业律师看来，也是在我看来，变成了一个犹大，让雷认罪了。福尔曼曾为1500名被指控犯有谋杀罪的人辩护，并几乎全部获胜。专家说，如果珀西没有强迫雷认罪，由于缺乏证据，雷将被认定为无罪。通过胁迫雷认罪，福曼完成了不可思议的事情，雷放弃了为重新审判的动议、向田纳西州上诉法院上诉、向田纳西州最高法院上诉以及最后由最高法院复审该案的权利。

关于谁杀了金的全部真相可能永远不会被揭露，在这一点上，它与约翰-F-
肯尼迪的谋杀案有很大的相似之处。围绕着金的死亡有太多的疑点，甚至已故的新奥尔良前检察官吉姆-
加里森（Jim   Garrison）也说，根据他从罗科-金博尔那里了解到的情况，他相信金和肯尼迪的谋杀案之间有联系，他给大卫-
费里打了很多电话。金宝说他让雷从美国到蒙特利尔。Ray否认了这一点。肯尼迪和金氏谋杀案的另一个相似之处是，**两者都是秘密行**动，很可能由非常高级的政府官员验证。

雷说他是在加拿大蒙特利尔遇到拉乌尔的，当时他从密苏里州监狱逃出来（如何逃出来的也是个谜）。)显然，拉乌尔诱使雷在一些领域为他工作，然后诱使他回到阿拉巴马州。在蒙特利尔时，雷正在寻找假身份，并被介绍给拉乌尔，他声称能够满足他的需求，条件是雷要为他做一些工作。雷斯说，经过多次会面，他同意为拉乌尔工作。

经过几次跨境旅行（包括一次去墨西哥），雷说拉乌尔希望他去阿拉巴马州。经过长时间的讨论，期间雷说他对去该州表示了严重的保留意见，最后雷去了伯明翰。雷做了好几**份工作**；他运送内容不明的包裹，并经常从伯明翰给拉乌尔打电话，以获得新的任务。

据雷说，拉乌尔随后告诉他，他的最后一份工作即将开始，为此他将得到12,000美元的报酬。据雷说，他被要求购买一支非常强大的带伸缩瞄准器的鹿用步枪。

9)   雷说，拉乌尔和他一起去爱罗玛尔供应公司买了一把猎枪，雷说，拉乌尔随后独自回到店里，将猎枪换成了雷明顿30.06型。

10)   孟菲斯警方神秘地撤销了对国王的保护。在他被枪杀前约24小时，这支七人部队撤退了。孟菲斯警察局局长弗

兰克-霍洛曼（Frank
Holloman）否认下达了这一命令，并说他甚至不知道有这样一个命令。1968年4月5日上午，孟菲斯警察局的四支特别部队被命令停止行动。孟菲斯警察局没有人知道这个命令是怎么来的。

在这个未解之谜中最神秘的一幕中，在孟菲斯警察局担任侦探的爱德华-
雷迪特被一系列后来被证明是虚假的无线电信息引诱离开了他的岗位。据雷迪特说，他在金所住街道对面的一个有利位置监视洛林汽车旅馆时，孟菲斯警察中尉E.H.Arkin用无线电与他联系。 Arkin告诉雷迪特停止监视并返回总部。

到达后，特勤局特工命令雷迪特到里弗蒙特的假日酒店报到，因为有一份关于他生命的合同。雷迪特拒绝了，他声称自己是唯一一个对当地所有的klansmen[8]和国王的随行人员都了如指掌的警察。

然而，孟菲斯警察局长弗兰克-
霍洛曼否决了他的意见，在两名警察的陪同下，雷迪特被带到他家取回他的衣服和洗漱用品。与警方程序不同的是，这两名警官坐在雷迪特家的前厅，而不是坐在外面的车里。当特别紧急广播宣布金的谋杀案时，雷迪特还没有回家超过10分钟。

11) 高尔基的通缉令说他（高尔基）于1964年和1965年在新奥尔良上过舞蹈课，而事实上，当时雷正在密苏里州监狱里。司法部长拉姆齐-克拉克（Ramsey
Clark）在联邦调查局将所有其他执法机构从该案中开除后赶到现场，他说，"我们拥有的所有证据表明，这是一个人的杰作"。为什么在调查仍处于早期阶段的情况下，就匆匆宣布如此深远的结论，显得不伦不类？读者会同意，有太多的证据反对雷杀死马丁-路德-金的观点。

---

[8]氏族人，无损检测。

乔治-
布什总统也值得特别一提。布什可能是有史以来最有成就的总统，有许多具体案例可以证明这一说法。美国人的问题是，我们认为美国政府比外国政府更诚实，更有道德，在交易中更公**开**。**我**们从小就被这样教育。乔治-
布什已经证明这种看法是百分之百的错误。

海湾战争的情景实际上是在1970年代制定的。詹姆斯-
麦卡特尼在几篇报纸文章中报道了
"美国的秘密议程"，这一点几乎被揭露。据麦卡特尼说，美国政府在1970年初决定将其中东政策建立在从阿拉伯人手中夺取该地区的石油控制权上。必须找到一个借口，在该地区建立一个实质性的美国军事存在--但不是在以色列。

罗伯特-
塔克1975年1月在犹太杂志 《评论》 上撰文说，美国必须克服在其他国家采取武装行动的任何不情愿，他在这方面特别提到了波斯湾地区，塔克说，需要的是先发制人的打击，建立对中东石油的控制，而不是等待危机发生后再采取行动。

显然，布什是这一无耻观念的设计者之一，他追随1973年10月至1975年12月美国驻沙特阿拉伯大使詹姆斯-
阿金斯的信念。阿肯斯的观点构成了里根-
布什政府政策的基础，有趣的是，乔治-
布什在承诺美国对伊拉克发动非法战争时，完全遵循了表面上由阿肯斯撰写的剧本。

随后的调查显示，阿金斯只是读了亨利-
基辛格的剧本，基辛格是以　　　　　　　　　"能源安全"为题写的。基辛格最初主张直接攻击沙特阿拉伯，但该计**划被修改**，**用**一个较小的国家代替了沙特阿拉伯。

基辛格的理由是，扣押中东的石油作为一项预防措施会被美国人民接受，而且这个想法很容易被卖给国会。根据我在华盛顿的消息来源，这个想法被布什欣然接受，他在欺骗方面有大量的经验，他在中央情报局的时间已经吊足了他的胃口，有人说这是他的自然倾向。基辛格的 "能源安全"计划被布什采纳并应用于伊拉克。人们强烈认为，伊拉克和科威特因萨巴赫公司从鲁迈拉油田盗窃石油而结怨，并通过以低于欧佩克的价格出售被盗石油来破坏伊拉克经济，是中情局与基辛格公司合作策**划的**。

通过艾普尔-
格拉斯皮的背信弃义行为将伊拉克推入公开冲突，布什看到他的计划实现了。   艾普尔-
格拉斯皮应该因向国会撒谎而受到审判，但这不太可能发生。就在布什认为他已经掌握了游戏规则的时候，约旦国王侯赛因几乎给他的工作带来了麻烦。根据我的情报来源（后来被美国广播公司的皮埃尔-
萨林格证实），侯赛因国王认为美国是本着诚意行事，并欢迎通过和平手段而非武装冲突来解决伊拉克-
科威特危机。

基于对布什政府诚信的信任，萨达姆-
侯赛因致电巴格达，要求侯赛因总统将争端提交给阿拉伯国家仲裁。侯赛因国王向萨达姆-
侯赛因保证，他的这种行动得到了华盛顿的祝福。8月3日，伊拉克向科威特边境的军事推进被停止，以给拟议的仲裁一个机会。但萨达姆-
侯赛因还有一个条件：埃及独裁者胡斯尼-
穆巴拉克必须接受仲裁建议。

侯赛因国王打电话给穆巴拉克，后者欣然同意了这一计划。然后，侯赛因国王打电话给布什总统，布什在空军一号上接了电话，当时他正在去阿斯彭会见玛格丽特-
撒切尔的路上，后者被派去传达皇家国际事务研究所的最后通牒，呼吁美国军队进攻伊拉克。根据情报来源（部分由塞林格证实），布什对侯赛因国王的倡议很热心，并向约旦领导人保证美国不会干预。

但侯赛因国王一结束谈话，布什就给穆巴拉克打电话，告诉他不要参加任何阿拉伯国家间的仲裁会谈。据报道，布什给撒切尔打电话，告知她他与侯赛因国王的谈话。与慕尼黑会议时的张伯伦一样，侯赛因国王发现，和平解决伊拉克-科威特冲突是美国和英国政府最不希望看到的事情。

据说，在得到撒切尔的批准后，布什再次给穆巴拉克打电话，命令他尽一切可能破坏阿拉伯的调解努力。我们现在知道，回报是在后来，布什非法   "赦免"了埃及对美国的70亿美元债务。布什没有宪法规定的权力来注销埃及的债务。穆巴拉克粗暴地谴责了调解建议。布什**开始**对伊拉克进行威胁。就在侯赛因国王告诉侯赛因总统，他们都对伊拉克军队越过边界进入科威特感到失望的几个小时后。

美国和英国在发动对伊拉克战争中的作用是一个典型的欺骗性外交案例。在谈论中东和平的同时，我们如此不明智地信任的政府，自1970年代以来一直在为与伊拉克的战争做准备。海湾战争是根据基辛格的政策而故意挑起的。因此，尽管基辛格不是政府官员，但他对美国在中东的外交政策有很大影**响**。

泛美航空103号航班被炸是秘密活动的另一个可怕例子。所有的事实还不知道，而且可能永远不会知道，但目前已知的是，中情局参与其中，机上至少有5名中情局高级特工，携带50万美元的旅行支票。有报道称，中情局拍摄了装载炸弹的袋子，但这些报道尚未得到其他来源的证实。

VIII.关于巴拿马的真相

最近的一个例子可能是有记录以来最令人震惊的案例：卡特-
托里霍斯巴拿马运河条约。这项条约值得比在起草和据称谈判时得到更仔细的审查。我希望强调从未被充分或适当地研究或解决的重要影响，这些影响现在比以往任何时候都需要被放大。其中之一是，我们作为一个主权国家的人民，在不久的将来将被迫接受联合国的管辖。如果我们不知道该怎么做，一个像卡特的巴拿马运河交易一样的滑稽交易可能会交到我们手上。

鲜为人知的是，英国政府拥有的石油公司Anglo-Persian试图从哥伦比亚政府购买美国领土两侧运河的特许权，与此同时，美国正在与哥伦比亚就这些权利进行谈判。英国外交官欧文-弗雷德里克-耶茨几乎成功地与哥伦比亚达成交易，从而挫败了美国购买运河区土地的计划。耶茨在最后一刻被一个援引门罗主义的外交事件所阻止。

简单回顾一下美国如何获得建造巴拿马运河的土地的历史，可能有助于我们理解后来的事件。

1845年至1849年期间，哥伦比亚政府与美国缔结了一项条约，给予后者通过巴拿马地峡的过境权。1855年，巴拿马通过一项宪法修正案获得了联邦地位。1903年革命之前，巴拿马是哥伦比亚的一部分。1850年4月19日，英国和美国签署了《克莱顿-布尔沃条约》，双方同意不获得或保持对拟议中的运河的独家控制，并保证其中立性。当时，哥伦比亚的石油是主要问题。1900年2月5日，英国和美国之间签署了第一份《海-波恩斯福特条约》。该条约放弃了英国对联合建造运河的财产权，当它到达英国议会时被拒绝。

1901年11月签署了第二份《海-波恩斯弗特条约》，给予美国建造、维护和控制运河的专属权利。1903年1月23日，哥伦比亚和美国签署了《海-赫兰条约》，其中规定美国获得一个运河区。哥伦比亚参议院没有批准该条约。

美国和巴拿马新政府于1903年11月18日签署了《海-布努阿-瓦里拉条约》：巴拿马在未来运河两侧永久割让五英里宽的区域，并将全部管辖权交给美国。美国还获得了加固运河区的权利，并为这些权利支付了1000万美元，然后同意**每年支付**25万美元的使用费。1903年1月从《克莱顿-布尔沃条约》中解脱出来，美国和哥伦比亚就《海-赫兰条约》进行了谈判，该条约授予美国对拟议运河两侧5英里宽的领土的主权，并于1904年2月26日签署。最重要的是要注意到，拟议中的运河两边五英里宽的土地现在是美国的主权领土，除非通过所有州批准的宪法修正案，否则不能割让或以其他方式转让。

该条约的批准被哥伦比亚拖延，直到11年后的1914年4月6日，《汤普森-乌鲁蒂亚条约》才得以签署，美国对与哥伦比亚发生的争端表示遗憾，并同意向哥伦比亚支付2500万美元的款项，这使得哥伦比亚得以批准该条约。1914年9月2日，**运河区**的边界被界定，美国获得了进一步的主权保护权。随后，巴拿马运河区成为美国的一个主权领土。

1921年4月20日签署了《汤普森-乌鲁蒂亚条约》。该条约的条款是，哥伦比亚承认巴拿马的独立。以前有争议的边界被固定下来，巴拿马和哥伦比亚之间通过签署各种协议建立了外交关系。美国参议院又推迟了七年才批准，但在1928年4月20日终于批准了经过一

些修改的《汤普森-
乌鲁蒂亚条约》。哥伦比亚国会也于1928年12月22日批准
了该条约。

早些时候，在1927年，巴拿马政府曾宣布，在签署条约时
，它没有把主权交给美国。但国际联盟拒绝听取这一明显
荒谬的争端，当弗洛伦西奥-哈莫迪奥-
阿罗塞梅纳总统不承认巴拿马政府向国际联盟发出的呼吁
时，美国对巴拿马运河区领土不容置疑的主权得到了再次
确认。

对每个美国人来说，最重要的是注意到美国宪法在与哥伦
比亚和巴拿马的整个谈判过程中得到严格遵守的方式，尤
其是在这个宪法被政客们践踏的年代。这些条约由参议院
起草，由总统签署。在批准之前，允许有一段适当的时间
来研究该协议。

稍后，我们将把美国-
哥伦比亚关于巴拿马的条约的处理方式与卡特政府将美国
主权人民的财产交给巴拿马独裁者奥马尔-
托里霍斯，甚至付钱让他接受的草率、欺骗、扭曲、不诚
实、违宪、边缘欺诈的行为进行比较。

美国在1921年犯下的唯一重大错误是没有立即宣布运河和
土地为美国主权人民的主权财产，并根据宪法规定，一旦
成为美国的领土，就成为美国的一个国家。不使巴拿马运
河区成为一个国家，就是邀请洛克菲勒国际银行家从其合
法所有者--
主权的美国人民手中夺取巴拿马运河区，这一行动得到了
卡特总统在通过谎言进行外交的幌子下的每一步支持。

有人说，如果我们不从错误中学习，我们就注定要重复这
些错误。当人们审视美国在布尔什维克革命、第一次世界
大战、巴勒斯坦、第二次世界大战、朝鲜和越南的作用时
，这句格言比以往任何时候都更适用于今天的美国。我们
决不允许卡特政府和参议院外交关系委员会开创的非法先

例在未来的任何条约谈判中被用来对付我们，例如在不久的将来可能与联合国进行的谈判。这些颠覆宪法的企图可以采取使我们的军事力量服从联合国指挥的形式。

从巴拿马运河的主权所有者--
我们人民手中成功窃取该运河所开创的先例，导致了以巨大的生命和金钱为代价的战争，夺取了宪法没有赋予总统的权力，并扩大了导致秘密高层平行政府无视宪法的行动，正如在索马里、波斯尼亚和南非发生的那样。

这就是为什么我认为有必要确保不再为巴拿马运河送礼，防止这种大规模的秘密骗局重演的唯一方法是看看1965年至1973年间发生的事情。

如果我们知道发生了什么，我们就更有可能防止它再次发生。

要了解**卡特政府如何能**够欺骗美国的主权人民，至少要对美国宪法有一定的了解。为了解释宪法，我们还必须了解我们的政府形式，并理解其外交政策牢牢扎根于瓦特尔的"万国法"，**开国元**勋们用它来塑造我们的宪法。我们还必须了解这些条约及其与我们宪法的关系。只有少数几位参议员和众议员对这些重要问题有清晰的认识。

我们不断地听到消息不灵通的人把美国说成是"民主"。印刷和广播媒体在延续这一谎言方面尤其令人厌恶，这是旨在误导人民的蓄意欺骗行为的一部分。美国不是一个民主国家；我们是一个立宪共和国，或一个邦联共和国，或一个联邦共和国，或三者的混合体。不了解这一点是走向混乱的第一**步**。

麦迪逊指出，我们不是一个民主国家。正是对我国政府形式的争议导致了内战的发生。如果没有脱离联邦，可能就不会有战争，而且很可能就不会有战争。亚伯拉罕-林肯总统认为，有一个源自英国的阴谋，要肢解美利坚合**众国，使其成**为两个国家，然后国际银行家们就可以一直把它们玩弄于股掌之间。内战是为了论证一旦成为主权国家就永远是主权国家，南方不能脱离联邦。主权和主权领土的问题由内战彻底解决。

在一个宪政共和国，居住在各州的人民是主权者。众议院和参议院是他们的代表或代理人--
如果这是对他们应该如何运作的更好描述的话。这一点在《权利法案》的10 修正案中得到了解释，该修正案指出。

> "《宪法》没有授予美国的权力，也没有禁止各州的权力，都分别保留给各州或人民。"

总统不是国王，也不是军队的总司令，除了在宣布的战争期间（不可能有其他战争）。我们的许多官员，包括总统，都公然违反了宪法。其中最令人震惊的是，卡特总统和57名参议员在说谎的外交幌子下，割让了人民对巴拿马运河的主权，因为实际上他们试图处置属于美国的主权领土。

根据美国宪法，美国的领土是不能转让的。这一声明的权威性可以在国会记录参议院，S1524-
S7992，1926年4月16日找到。**开国元**勋们通过了一项决议，即除非通过所有州批准的宪法修正案，否则美国的领土不能通过给予或割让给另一方而被转让。

宪法中没有任何关于政党问题的规定。正如我过去经常说的那样，政治家之所以出现，是因为我们这些主权国家的人民太软弱，太懒惰，不能自己做这项工作，所以我们选举了代理人，付钱给他们，让他们为我们做这项工作，让他们大多没有监督权。这就是今天的众议院和参议院；不受我们人民监督的代理人，到处乱跑，践踏美国的宪法。

卡特总统颁布的《巴拿马运河条约》是一个远比伊朗/康特拉事件和茶壶穹顶丑闻更大的丑闻，在有关洛克菲勒石油政策和石油工业的章节中讨论过。谁制定法律？参议院和**众**议院通过法律，经总统签署后成为法律。条约是法律的一部分吗？首先，让我们明白，条约在宪法中被定义为（根据第6条第2款和第3条第2款），在参议院起草条约、众议院通过并由总统签署后，成为一项法律。

众议院在制定条约方面发挥着至关重要的作用，因为它有权宣布一项条约无效，因为它属于众议院管理的国际和州际商业的范围（第1条第8节第3款--
"管理与外国和各州之间的商业"）。宪法在第13条 ，第14条   ，第15条修正案中说，立法机构制定条约，而不是像利诺维茨和邦克那样的私人，虽然声称代表美国。第1条第7款。

> "**众**议院和参议院通过的任何法案都应提交给美国总统...
> ..."

卡特、布什和现在的克林顿都表现得好像他们是全能的国王，而他们并不是。我们有卡特处理国际法和将主权人民的所有权让给托里霍斯，我们有布什在没有宣战的情况下**开**战，现在我们有克林顿试图用公告（行政命令）来立法。宪法在这些问题上是明确的；宪法中只有一个地方被赋予处理国际法的权力，那就是国会。所以在任何情况下，这都不是总统的明确权力。(第10部分，第1条，第8节。)

卡特和布什所做的，以及克林顿现在正试图做的，是减少和削弱宪法，以适应300人委员会的愿望和目标。
我想到的**两个例子是堕胎**和枪支管制。卡特通过巴拿马运河交易完成了这种削减和削弱。卡特犯了伪证罪，他篡改并声称他对巴拿马的美国主权财产拥有权利。

卡特作为大卫-
洛克菲勒和毒品银行的代理人的权力，据称是在巴拿马运河谈判的幌子下，既没有明确的、隐含的，也没有附带于宪法中任何其他权力。但卡特在违反和践踏宪法的情况下逃脱了，他的继任者布什和克林顿也一样。

如果我们正确地阅读我们的外交政策是由开国元勋们建立的《瓦特尔万国法》，我们就会看到，它从未赋予联邦权力或国会权力来给予、出售或以其他方式处置属于美国主权人民的主权领土。条约权力永远不能超过瓦特尔万国法中的规定。

权利法案》第9条和对《宪法》的仔细阅读表明，总统、众议院、议会和参议院都无权赠送、出售或以其他方式处置美国的任何主权领土，除非通过所有州批准的宪法修正案。在《卡特-托里霍斯巴拿马运河条约》中没有这样做：因此，签署该协议的57名参议员中的每一个人都违反了他们的就职誓言，这也包括卡特总统。由于他们的叛国行为，美国失去了对其国防的一个关键因素--我们的巴拿马运河的控制。

关于卡特总统以欺诈方式制定的所谓《巴拿马运河条约》，事实是什么？让我们来看看谈判条约意味着什么。谈判意味着谈判者方面有一个让步的目标。其次，谈判者必须拥有被谈判的财产、金钱或任何东西，或者得到所有者的正式授权代表他们进行谈判。此外，当一个人把东西送出去时，必须有法律上的"考虑"。如果只有一方的考虑，那么在法律上很清楚，不可能有条约，也不可能有条约协议。

正如我所说，在谈判一项条约时，谈判各方在法律上有权这样做是非常重要的。在《巴拿马运河条约》中，谈判者在宪法上没有资格进行谈判。埃尔斯沃思-邦克和索尔-利诺维茨（据称是美国大使）都没有资格进行谈判；首先是因为条约文件不是由参议院起草的，其次是因为在据称由邦克和利诺维茨进行的谈判中完全缺乏客观性。

利诺维茨和邦克都不应该在《巴拿马运河条约》中拥有直接利益，但**两人都在**该项目中拥有非常大的经济利益；该条约的成功符合他们的个人经济利益。这足以成为宣布该条约无效的理由。宪法被邦克/里诺维茨的任命践踏了。第11条第2部分第2节规定，利诺维茨和邦克必须得到"参议院的建议和同意"，而他们都没有得到过。

利诺维茨是海洋和米德兰银行的董事，该银行在巴拿马有广泛的银行关系，以前曾为巴拿马政府工作。海事和美联银行被香港上海银行接管，后者是世界上主要的毒品洗钱银行。米德兰银行的收购是在美联储前主席保罗-

沃尔克的明确许可下进行的，尽管沃尔克清楚地知道，收购的目的是让洛克菲勒在巴拿马拥有的银行在巴拿马利润**丰厚的可卡因**贸易中获得立足之地。香港上海银行对美联集团的收购是非常不正常的，根据美国银行法，这几乎是犯罪。

邦克家族与托里霍斯有生意往来，此前还与阿努尔福-阿里亚斯和巴拿马前总统马尔科-O-罗伯斯有生意往来。不要介意两位美国谈判代表据称断绝了这些关系；不要介意进行了脆弱和透明的欺骗（六个月的等待期），《宪法》第11条第2款第2部分说，总统应"在参议院的建议和同意下"任命一位大使或公使。没有提到等待期--这被用来绕过围绕利诺维茨和邦克的利益冲突。这都是对美国人民的严重欺骗。

对利诺维茨和邦克的任命带有欺骗和不诚实的色彩，破坏了总统对我们这些主权国家人民应有的神圣的信托关系。参议院外交关系委员会无视宪法，任命利诺维茨和邦克为参议院从未起草过的条约的"谈判者"，从来都是如此巧妙。委员会成员在同意毒品银行家选择埃尔斯沃思和利诺维茨作为   "谈判代表"的那一刻，就应该全部被弹劾，甚至被指控叛国罪。

现在我们来看看邦克和利诺维茨的谈判内容。巴拿马运河和领土是不能谈判的；它是美国的主权领土，除非通过国会通过并由所有州批准的宪法修正案，否则无法处置。此外，**两位大使的**证书，如果他们有的话，也没有得到参议院的认可。卡特和他邪恶的华尔街帮凶欺骗了美国人民，让他们相信邦克和利诺维茨是代表美国合法行事，而事实上他们违反了美国法律。

华尔街银行家设计的策略是让美国人民心存疑虑，蒙在鼓里，使事情变得如此不明朗，以至于他们会对自己说，"我想在这件事上我们可以相信卡特总统"。为了做到这一点，华尔街的银行家和大卫-

洛克菲勒得到了一支有偿的、得到维护和指导的政治记者、报纸编辑、主要电视网络，特别是两位美国参议员的鼎力协助。

参议员丹尼斯-德-
康西尼在条约中加入了保留意见，这些保留意见不过是为参议员拒绝遵守宪法的行为提供理由的装点。这些
"保留意见
"不是由奥马尔-
托里霍斯签署的，没有任何效力，但这一行动给亚利桑那州的选民留下了错误的印象，即德-
康西尼并不完全赞成条约。这是一个廉价的政治骗局。亚利桑那州的选民已经通知德-
康西尼，他们以压倒性的优势反对该条约。

那么，"谈判
"的内容是什么？有哪些交流，有哪些考虑，根据法律，必须成为条约谈判的一部分？令人惊讶的事实是，没有人。我们这些主权国家的人民已经拥有了巴拿马运河区的主权领土；托里霍斯和巴拿马政府没有提供任何交换条件，也没有给美国任何交换条件。因此，谈判显然是单方面的，这使得《托里霍斯-卡特条约》无效。

如果双方都不考虑，就不可能有条约。合同往往包含象征性的付款，作为使合同合法的对价，否则就不会有这样的结果。有时只需支付10美元作为对价，只是为了使合同合法。就这么简单。托里霍斯没有考虑美国。

当参议院外交关系委员会宣布洛克菲勒的雇佣兵可以做他们所做的事情时，其所有成员都辜负了我们，人民，应该被免职。

在参议院批准命运多舛的《巴拿马运河条约》之前，它至少应该被研究两到三年。考虑到美国和哥伦比亚批准1903年的条约所花的时间。这是适当的；参议院外交关系委员会对卡特-
托里霍斯条约的仓促审议是完全不合适的。事实上，该条

约本来就不应该提交审议，因为参议院本身并没有起草该条约，只是在谈判后才看到它。这与宪法有直接的矛盾。

因此，签署被卡特取消的条约是总统的滑稽和欺骗，目的是伤害自己的人民，使毒品银行及其华尔街的同行受益。无论它存在多久，卡特-
托里霍斯条约至今仍是无效的。该文件包含不少于15项公然违反美国宪法规定的条约制定行为，也许还有5项。

只有由国会通过并由所有州批准的宪法修正案才能使卡特-托里霍斯条约生效。但是，该条约有如此大的缺陷，以至于它本可以被最高法院推翻，如果法院打算对我们人民履行其职责的话。

条约的所有定义都表明，条约必须给双方带来一些东西。巴拿马运河已经为美国所有。这一点毋庸置疑，但让我们回头再确认一下这个立场。1903年的条约是由双方签署的，一方给予土地，另一方获得现金。美国正在表明，它所支付的领土现在是主权的。在卡特-
托里霍斯**关于巴拿**马运河的听证会上，没有一场辩论对运河是美国的主权领土这一事实提出异议，而且自1903年以来一直如此。

在这一点上，介绍1903年条约的措辞是非常重要的。

> "完全排除巴拿马共和国行使任何主权权利、权力或权威......位于完全排除巴拿马共和国行使任何主权权利、权力或权威......并应像美国领土一样行使"。

这毫无疑问地表明，该条约规定巴拿马运河区从1903年11月18日起成为美国的主权领土，并且是永久的。

我在本文中多次提到主权。在乔治-伦道夫-塔克的《国际法》一书中可以找到关于主权的良好定义。**关于主**权的另一个很好的解释可以在穆尔福德博士的《国家的主权》一书中找到。

> "国家主权的存在，或政治主权的存在，是由某些具有

普遍性的标志或音符来表示的。这些是独立、权威、至上、统一和威严[...]。分裂的主权是一种至高无上的矛盾，它隐含在所有必要的概念中，与有机意志中的实质不相容。它是无可挑剔的。它不能通过法律形式和法律主义的手段来废除和避免，也不能放弃或自愿恢复，而是意味着权力和行动的连续性......它通过国家的所有成员和所有机关和办公室发挥作用......"

卡特试图代表洛克菲勒和医药银行所做的是
"通过法律形式和法律手段
"改变1903年的巴拿马条约。但是，1903年的《巴拿马条约》不能通过这种法律手段
"使之无效并被撤销"。**卡特留下的是一份无效的欺**诈性文件，他把它当作一个真正的条约，一个新的具有法律约束力的条约，但它在当时不是，以后也不会是。

当洛克菲勒毒品银行在20世纪60年代**开始考**虑如何保护他们在巴拿马的投资时，哥伦比亚的可卡因贸易正在蓬勃发展。由于香港酝酿着动乱--
中国政府要求控制该岛并在英国人进行了几个世纪的海洛因贸易中占有更大的份额--**可卡因正在蓬勃**发展--
国际华尔街银行家开始将巴拿马视为毒品洗钱活动的新天堂。此外，**可卡因**贸易产生的巨额资金流入巴拿马的银行，需要得到保护。

但要做到这一点，巴拿马必须由华尔街银行的代表来控制，而这并不容易。历史表明，罗斯福总统是第一个试图通过割让科隆地区来削弱1903年巴拿马运河条约的人，该地区随后成为贸易中心和毒品贩运中心。德怀特-
艾森豪威尔总统是第二个试图削弱巴拿马运河主权的美国官员，1960年9月17日，他下令在**运河区将巴拿**马国旗与美国国旗并列悬挂。艾森豪威尔代表CFR和大卫-
洛克菲勒实施了这一叛国行动。然而，即使是艾森豪威尔的叛国行为也不能使1903年的条约
"失效和撤销"。艾森豪威尔无权命令一个外国政府的旗帜

在美国的主权领土上飘扬；这公然违反了他捍卫宪法的誓言。

在罗斯福和艾森豪威尔背信弃义行为的鼓励下，巴拿马总统罗伯托-F-
基亚里正式要求美国修改《巴拿马运河条约》。这是艾森豪威尔旗帜事件的一个月后。如果我们的宪法意味着什么，那就是在美国不可能有这样的行动，除非它被众议院和参议院通过并被所有州批准。1964年1月，受贿的煽动者开始骚乱，巴拿马与美国断绝关系。这是一个典型的华尔街银行家特技。

然后，在1964年4月，林登-
约翰逊总统（未经众议院和参议院同意）告诉美洲国家组织（OAS），美国
"准备审查与巴拿马的运河争端所涉及的每个问题"，外交
关系得以恢复。约翰逊总统无权处理国际法，也无权
"通过任何法律程序
"或任何其他手段来改变1903年的条约。

约翰逊积极寻求能使1903年条约的新谈判得以开始的措施。约翰逊没有谈判条约的权力，他的行动进一步攻击了运河地区的主权，鼓励了以洛克菲勒为首的华尔街银行家变得更加大胆。很明显，约翰逊的行为是违宪的，因为他试图谈判一项涵盖巴拿马运河主权领土的条约，而任何总统都无权这样做。

卡特-

托里霍斯巴拿马运河条约》的签订是因为巴拿马欠华尔街银行约80亿美元。整个可恶的骗局是为了迫使拥有主权的美国人民偿还巴拿马欠华尔街银行家的钱。这不是我们这些人第一次被华尔街的银行家欺骗。人们会记得，是美国的纳税人被迫为德国在1921年至1924年间推销的赔偿债券支付了1亿美元。与卡特-
托里霍斯条约的情况一样，华尔街的银行家们也深入参与了德国的债券，其中最引人注目的是J.P.摩根和Kuhn   and

Loeb and Company。

按照洛克菲勒精心设计的方案，1968年10月，阿努尔福-
阿里亚斯被奥马尔-
托里霍斯上校领导的巴拿马国防军推翻。托里霍斯立即废
除了巴拿马的所有政党。1970年9月1日[er]，托里霍斯拒绝了
约翰逊1967年的草案（据说是为了修改1903年的条约），
理由是它没有**达到将运河完全割**让和控制给巴拿马。

华尔街的阴谋家们的舞台已经搭好，他们开始采取措施，
将巴拿马运河交到托里霍斯手中，洛克菲勒知道可以相信
托里霍斯不会像阿努尔福威胁的那样，撕开巴拿马的毒品
洗钱银行的盖子。作为交换，托里霍斯得到承诺，巴拿马
运河区将被归还巴拿马。

新条约将巴拿马的控制权交给了托里霍斯政府，并由卡特
总统签署，他可能是本世纪除乔治-
布什外违反宪法记录最差的总统，将被载入史册。当人们
审视欺诈性的卡特-
托里霍斯条约时，就会想起已故伟大的国会议员路易斯-
麦克法登的话。1932年6月10日，麦克法登谴责联邦储备委
员会是   "世界上有史以来最腐败的机构之一"。**卡特**-
托里霍斯条约是世界上有史以来最腐败的条约之一。

由于美国的可**卡因**贸易远远超过了远东的海洛因贸易，巴
拿马已经成为世界上最隐蔽的毒品洗钱的银行避风港之一
。昔日的酒类大亨已成为今天的毒品大亨。没有什么变化
，只是今天的隐蔽机制比当时要复杂得多。今天，它就像
会议室里的绅士和伦敦、尼斯、蒙特卡洛和阿卡普尔科的
高级俱乐部。寡头们与他们的宫廷仆人保持着谨慎的距离
；在他们的宫殿和权力中不可触及和安详。

毒品交易的方式是否与私酒交易相同？[9]长相阴险的人是否
带着装满百元钞票的手提箱到处跑？他们这样做，但只是

---

[9]"Bootlegging"，在原来的译者注中。

在非常罕见的情况下。与毒品交易有关的金融交易主要是在国际银行及其金融机构的积极配合下进行的。关闭清洗毒品资金的银行，毒品交易就会开始枯竭。关闭鼠洞，就会更容易摆脱老鼠。

这就是在巴拿马发生的事情。鼠洞被曼努埃尔-诺列加将军堵住了。国际银行家们忍不住了。当你打击那些为毒品洗钱的银行时，反响不会太长。为了说明问题，缉毒署（DEA）估计，每天有2.5亿美元通过电传转账转手，其中50%是来自毒品交易的银行间资金。开曼群岛、巴拿马、巴哈马、安道尔、香港和美国是这种交通的主要参与者。

瑞士银行处理了大部分，但自20世纪70年代以来，越来越多的资金通过巴拿马银行进行。

负责在美国清洗毒品资金的银行家们越来越清楚，他们在巴拿马有一个赢家。有了这种认识，洗钱者开始关注在巴拿马有一个他们可以控制的资产的必要性。当阿努尔福-阿里亚斯开始搜查他们在巴拿马城的银行时，他使他们感到震怒。美国毒品管制局估计，每年有60亿美元从美国流向巴拿马。库德特兄弟是东海岸自由派300人委员会"黑手党"的律师，他们开始采取措施，确保另一个阿努尔福-阿里亚斯不会威胁到日益有利可图的可卡因贸易，这种贸易使他们在巴拿马的银行里充满现金。

库德特兄弟公司选择监督巴拿马与托里霍斯谈判的人是他们自己人，即我们前面提到的索尔-利诺维茨。作为库德特兄弟公司的合伙人，施乐公司、泛美航空公司和海洋米德兰银行的董事，利诺维茨拥有实现洛克菲勒所想的一切必要条件，即接管整个巴拿马运河区。奥林匹克"（300人委员会）的信使在奥马尔-托里霍斯身上找到了实现国际银行家目标的合适材料。

如前所述，巴拿马的不稳定状况足以让托里霍斯上台并废除所有政党。美国新闻媒体中的豺狼将托里霍斯描绘成一个热情的巴拿马民族主义者，他强烈地认为巴拿马人民被1903年割让巴拿马运河区给美国的条约所冤枉。托里霍斯所佩戴的 "大卫-洛克菲勒制造"的标记被小心翼翼地隐瞒了美国人民。

由于参议院外交关系委员会的背叛，特别是参议员丹尼斯-德-康西尼和理查德-卢格的背叛，巴拿马落入托里霍斯将军和300人委员会的手中，使美国纳税人付出了数十亿美元的代价。但托里霍斯和其他许多凡人一样，似乎忽略了他的创造者--"奥林匹亚人"。

托里霍斯最初是由基辛格和利诺维茨挑选的，就像所有为美国秘密平行政府服务的人一样，无论是国务卿还是国防部长，在巴拿马运河从美国主权人民手中转移到华尔街银行家、毒枭及其高管手中的过程中表现良好。然后，令他的导师们非常懊恼的是，托里霍斯开始认真对待他作为一个民族主义者的角色，而不是继续做华尔口技师的傀儡。

必须用基辛格的特洛伊木马的眼光来看待巴拿马，也就是说，我们必须把它看作是中美洲的一个关键点，作为基辛格未来成千上万的美国士兵的集结地。基辛格的命令是在中美洲发动另一场"越南战争"。但托里霍斯**开始有其他想法**。**他**选择加入康塔多拉集团。虽然不完美，但康塔多拉家族已经准备好与毒枭斗争。因此，托里霍斯成了他的主人的一个烦恼源，这导致他被 "永久不能动弹"。

托里霍斯于1981年8月被谋杀。他所驾驶的飞机与杀害亚里士多德-奥纳西斯儿子的飞机操纵方式相同。控制装置被操纵，使飞机的升降机（控制爬升和下降）的操作方向与飞行员的要求相反。载着托里霍斯的飞机在起飞后没有爬升，而是实实在在地坠落到地面。

巴拿马的银行被大卫-
洛克菲勒拥有的一些华尔街银行所控制，他们认为巴拿马
是肮脏的毒品资金的方便存放地，并很快被指定为世界可
卡因银行中心，而香港仍然是海洛因银行中心。洛克菲勒
委托尼古拉-阿迪托-巴莱塔（Nicolas   Ardito
Barletta），一位世界银行和海洋与米德兰银行（Linowitz
是该银行的董事会成员）的前董事来控制银行局势。

巴雷塔是为了重组巴拿马的银行业，并修改银行法，使其
对毒品洗钱者更加安全。巴雷塔足够体面，不受怀疑，并
且有处理大量毒品现金的经验，这要归功于他与香港上海
银行的联系--世界上主要的毒品洗钱银行--
该银行后来收购了美国的米德兰海洋银行。

根据美国缉毒署（DEA）的文件，到1982年，巴拿马国家
银行的美元流量比1980年增加了500%。从1980年到1984年
，近60亿美元的未转移资金从美国流向巴拿马。在哥伦比
亚，缉毒局估计，1980年至1983年期间，可卡因产生的现
金达250亿美元，几乎全部存放在巴拿马城的银行。在托里
霍斯被废黜六个月后，强人，巴拿马国防军的鲁本-
帕拉德斯将军被毒品银行家提拔。

但就像他的前任一样，帕拉迪斯显示出各种迹象，表明他
不知道他的老板是谁。他开始谈论巴拿马加入康塔多拉斯
集团。1983年2月，基辛格肯定向**帕拉德斯**传递了一个信息
，这位将军很聪明，注意到并做了一个改变，把康塔多拉
家族**踢出了巴拿**马，并保证全力支持基辛格和华尔街的国
际银行家。

帕拉德斯不遗余力地培养被托里霍斯赶下台的阿努尔福-
阿里亚斯的友谊，从而使他的领导层有了一种可敬的气质
。在华盛顿，帕拉德斯被基辛格介绍为
"美国坚定的反共朋友"。即使他25岁的儿子被奥乔亚-
埃斯科瓦尔（Ochoa-
Escobar）可**卡因家族的成**员无情地处决，也没有阻止帕拉
德斯；他使巴拿马对可卡因贸易开放，并保护其银行。

曼努埃尔-诺列加（Manuel Noriega）是**帕拉德斯在**联邦民主党的继任者，他对巴拿马国防军的腐败越来越关注，他曾试图让国防军不参与毒品贸易。诺列加策划了一场针对帕拉德斯的政变，随后帕拉德斯被巴拿马国防军推翻，诺列加接管了巴拿马，成为民主党的指挥官。起初没有什么反应；诺列加已经为中央情报局和毒品管制局工作了几年，被基辛格和洛克菲勒认为是一个 "公司的人"。

华尔街和华盛顿何时开始对诺列加产生怀疑？我认为这是在PDF-DEA代号为 "鱼行动"的联合毒品行动取得惊人成功之后立即进行的，该行动于1987年5月由DEA公**开披露。毒品和犯罪**问题办公室称 "捕鱼行动"是联邦毒品执法史上最大和最成功的秘密调查。

毒品银行家们认为他们有充分的理由害怕诺列加，1987年5月27日毒品管制局局长约翰-劳恩写给诺列加的一封信就是证明。

> "如**你所知，最近**结束的捕鱼行动是成功的。从国际贩毒者和洗钱者手中缴获了数百万美元和数千磅的毒品。**你**对 "捕鱼行动"的个人承诺以及巴拿马共和国其他官员的称职、专业和不懈努力，对这次调查的最终积极结果至关重要。世界各地的毒品贩子都知道，他们的非法活动的收益和利润在巴拿马是不受欢迎的。

在给诺列加的第二封信中，罗恩写道。

> "我想借此机会重申我对你采取的有力的反毒品贩运政策深表赞赏，这体现在巴拿马多次驱逐被指控的毒品贩**运者，在巴拿**马查获大量可卡因和前体化学品，以及在巴拿马境内根除大麻"。

美国南方司令部司令保罗-戈尔曼（Paul Gorman）将军在参议院外交关系小组委员会听证会上说，

他从未见过诺列加有任何不法行为的证据，也没有确凿证据表明诺列加与毒枭有关。委员会本身无法提出任何可信的相反证据。该委员会没有调查诺列加的指控，即他最强大的敌人包括波士顿第一银行、瑞士信贷、美国运通和美国银行，从而辜负了美国人民。

领导国家麻醉品边境拦截系统（NNBIS）佛罗里达州工作队的亚当-墨菲直言不讳地指出。

> "在我为国家安全局和南佛罗里达州工作队工作的整个任期内，我从未听说过诺列加将军参与贩毒的任何信息。事实上，我们一直把巴拿马作为与美国在禁毒战争中合作的典范。请记住，大陪审团的起诉书并不是定罪。如果诺列加案件进入审判阶段，我将查看该陪审团的调查结果的证据，但在这之前，我没有直接证据证明将军参与。我的经验恰恰相反。"

从来没有报道过，'捕鱼行动'只是因为诺列加推动的巴拿马第29号法律的通过而得以实现。巴拿马最大的报纸《新闻报》报道了这一消息，该报痛苦地抱怨说，巴拿马国防军正在**开展反毒品广告活**动，"这将使巴拿马的银行中心遭到破坏"。

这也难怪。双鱼座行动
"导致18家巴拿马银行的54个账户被关闭，并缴获了1000万美元的现金和大量可卡因。此后，又冻结了另外85个银行账户，这些账户的存款都是来自可卡因贩运的现金。58名美国、哥伦比亚和一些古巴裔美国人的主要毒贩被逮捕，并被指控贩运毒品。

然而，当诺列加被绑架，然后被拖到迈阿密的联邦法院时，在对诺列加的公民权利的惊人侵犯中，威廉-霍夫勒法官拒绝让这些信件和其他数百份显示诺列加的反毒品作用的文件被接纳为证据。而我们敢于在美国谈论"正义"，我们的总统谈论的是"对毒品的战争"。当诺列加将军被绑架并被监禁在美国时，打击毒品的战争结束了。

在 "捕鱼行动
"之后，在巴拿马和华盛顿发起了一场旨在诋毁诺列加将军
的协同运动。国际货币基金组织（IMF）甚至威胁说，如
果诺列加不停止他的
"独裁行为"，即除非诺列加停止与毒品银行和可卡因商人
的斗争，将取消对巴拿马的贷款。1986年3月22日，诺列加
在一次电视讲话中告诉巴拿马人民，巴拿马正在被国际货
币基金组织扼杀。国际货币基金组织试图向工会施压，迫
使诺列加下台，警告他们如果不赶走诺列加，等待巴拿马
的将是可怕的紧缩政策。

世界银行高级官员约翰-
霍尔德森清楚地表明了国际货币基金组织对巴拿马、哥伦
比亚和加勒比地区的立场，他说，可卡因 "产业
"对生产国非常有利："从他们的角度来看，他们实在找不
到更好的产品。"国际货币基金组织哥伦比亚办事处公开表
示，就国际货币基金组织而言，大麻和可卡因是与其他作
物一样的作物，为拉丁美洲经济带来急需的外汇。

华尔街的银行家和他们在华盛顿的盟友于是让诺曼-
贝利博士在巴拿马和美国支持公民集团，引起公众的注意
。公民集团的成立是为了支持华尔街银行家摆脱诺列加的
企图，同时使其看起来像巴拿马的公共利益问题。以下人
士支持公民团体。

在巴拿马	在美国
阿尔文-维登-甘博亚	Sol Linowitz
Cesar和Ricardo Tribaldos	艾略特-理查德森
罗伯托-艾森曼	James Baker III
卡洛斯-罗德里格斯-米兰	罗纳德-里根总统

朱利安-梅洛-波布拉中校	参议员Alfonse D'Amato
罗伯斯兄弟	亨利-基辛格
Jose Blandon	大卫-洛克菲勒
Lewis Galindo	詹姆斯-雷斯顿
Steven Samos	John R. Petty
鲁本-达里奥斯将军阅兵	西斯内罗斯将军
Guillermo Endara	比利-福特

国际货币基金组织运动失败后，国务院的库德特兄弟、《*纽约时报*》、基辛格事务所和《*华盛顿邮报*》在美国和世界新闻界发起了一场全面的抹黑运动，使公众舆论反对诺列加。在此过程中，同谋者寻求并获得了毒品贩子、毒品银行家、毒贩和各种罪犯的支持。任何能够指责诺列加的不法行为或贩毒者的人，即使没有证据，也会受到欢迎。流向巴拿马毒品银行的现金，每年60亿美元，将得到保护。

公民十字军是诋毁他的运动的主要协调工具，于1987年6月在华盛顿特区组织召开。它的主要支持者和财政支持者是库德特兄弟、利诺维茨、三边委员会、威廉-科尔比（主要是中情局）、基辛格协会和美国国务院国际事务副助理威廉-G-沃克。何塞-布兰登（Jose Blandon）自称是"巴拿马反对诺列加的国际代表"，被雇用来管理该组织。

宣传工作掌握在前巴拿马高级官员诺曼-贝利博士手中。贝利博士受雇于国家安全委员会，其职责包括研究毒品资金的流动，这当然给了他关于毒品资金如何进出巴拿马银行的第一手经验。贝利是尼古拉斯-阿迪托-巴莱塔的亲密朋友。贝利博士与诺列加发生冲突，当时诺列加试图强制执行国际货币基金组织的"条件"，对巴拿马人民实施更大的紧缩措施。贝利的合伙人是科尔比、贝利、维尔纳和合伙人律师事务所的威廉-科尔比。当诺列加显然是认真的时候，惊慌失措的银行家和毒枭们正是向这家公司求助。

贝利在公民十字军上任后说："当我的朋友尼基-巴莱塔辞去巴拿马总统职务时，我就开始了对巴拿马的战争"。贝利处于一个独特的位置，他从巴莱塔那里发现了巴拿马的银行保密法，而巴莱塔正是制定这些法律的人。为什么贝利对巴莱塔失去工作感到愤怒？因为它使毒枭和他们的银行家盟友失去了自己的"巴拿马人"，这对金钱和可卡因在巴拿马的顺利进出是一个沉重的打击。巴雷塔也是国际货币基金组织的枪手，也是东方自由派当权者的最爱，特别是在波西米亚俱乐部成员中。毫不奇怪，诺列加一头撞上了巴雷塔和华盛顿特区的机构。

在贝利的领导下，公民十字军关闭了从哥伦比亚的可卡因大亨到华盛顿和伦敦的毒品贸易精英的循环。正是由于贝利的存在，才造就了低级别的杀人可卡因黑手党，以及华盛顿、伦敦、波士顿和纽约的社会和政治登记册上那些令人尊敬的、不可触摸的名字。

贝利说，他想赶走人民保卫部队，"因为它是西半球军事化最严重的国家"。贝利说，一旦诺列加被赶下台，一个平民军政府将取代他。我们再来看看贝利提议领导诺里加之后的巴拿马的人。为了支持"公民十字军"，参议院的六名工作人员于1987年11月前往巴拿马，停留了四天。回国后，这些工作人员说，诺列加必须辞职，但他们没有提到通过巴拿马转运的数量惊人的现金和可卡因，也没有提到诺列加禁止毒品贸易的努力。虽然没有明确表示，但参议院在一份关于巴拿马的声明中表示，如果"混乱持续下去"，可能会要求美国军队介入。

动乱的性质是什么？它们是巴拿马人民对诺列加不满的自发表达，还是人为制造的情况，以适应华尔街银行家的计划？要回答这个问题，我们需要看看约翰-梅斯托在巴拿马

"麻烦
"中扮演的角色。梅斯托是美国驻巴拿马大使馆的第二号人物。他曾在南朝鲜、菲律宾和海地服役。梅斯托曾有过惹是生非的历史。在他到达这些国家后,动乱和   "混乱
"很快接踵而来。根据一个独立的情报来源,Maisto的影响是巴拿马90%的街头抗议活动的原因。

贝利没有试图掩饰他对梅斯托的支持。贝利在乔治-华盛顿大学的一个论坛上说,只有当巴拿马人民走上街头,被殴打和枪杀时,诺列加才会屈服。贝利补充说,除非电视摄像机可以拍摄此类活动,否则
"这将是一种无用的努力"。

两年后的1988年2月,诺列加的最后一根稻草是迈阿密大陪审团的一份起诉书。司法部的这一仇杀决定了诺列加的命**运,并**强调需要摆脱星室时代留下的陈旧的大陪审团制度。星室(大陪审团)的诉讼程序对被告从来都不公平。毒枭和他们的银行家,加上华盛顿特区的政治机构,摆脱了诺列加,他被正确地视为对他们每年数十亿美元收入的威胁。

1986年,在第一美洲银行被迫关闭和人民国防军突袭属于**卡利卡特**尔的伊比利亚美洲银行之后,警钟开始认真敲响,要求采取行动清除诺列加的呼声变得十分强烈。再加上一个可**卡因加工**实验室和巴拿马偏远丛林中的大量乙醚库存被毁,300人委员会下令以最快速度杀死诺列加,或将其绑架并带到美国。

由参议员约翰-克里(John Kerry)担任主席的参议院外交关系委员会恐怖主义、麻醉品和国际行动小组委员会未能充分诋毁诺列加,尽管在相当于对诺列加进行缺席审判的情况下,对他提出了大量虚假指控。3,000亿美元海外毒品贸易的看门人呼吁采取更快、更强硬的方法来推翻诺列加。参议员阿方索-**达马托**(Alfonse D'Amato)主张采取直接行动:他想让杀手小组暗杀诺列加

。**达**马托还建议进行绑架，布什可能从他那里得到了这个想法。

然后，在华尔街的压力下，布什总统改变了美国军队在巴拿马的交战规则；从那时起，他们将寻求与人民军的对抗。1989年7月8日，美国驻巴拿马南方陆军司令西斯内罗斯将军发表了一份非同寻常的声明，他本应被要求对此负责。

> "美洲国家组织没有采取足够坚定的行动来清除诺列加。就我而言，我认为现在是对巴拿马进行军事干预的时候了。"

从什么时候开始，军队被允许制定政治议程？在整个1989年10月和11月，驻巴拿马的美国军队骚扰了巴拿马武装部队，最终导致一名美国士兵在路障处惨死。士兵们被命令在人民保卫部队设置的路障前停下。双方发生了争执，士兵们逃走了。有人开了枪，其中一名美国士兵被打死。

这是布什总统对巴拿马发动其计划已久的攻击的信号。就在巴拿马准备过圣诞节的时候，1989年12月20日**晚，有人**在没有事先获得宪法规定的宣战的情况下，对巴拿马发动了暴力侵略行为。有28,000至29,000名美军参加了这次袭击，导致7,000名巴拿马公民死亡，整个乔里洛地区被摧毁。在这场不宣而战的战争中，至少有50名美国士兵无谓地死亡。诺列加在一次无耻的国际强盗行为中被绑架并飞往美国，这是今后许多强盗行为的前兆。

为什么布什政府对巴拿马如此重视？为什么有这么大的压力要推翻诺列加？美国为了摆脱一个小国的所谓独裁者而采取了如此非同寻常的手段，这一事实应该告诉我们一些东西。这应该让我们非常好奇，想知道这个传奇的背后是什么。**它**应该让我们更加警惕，不相信政府，不要在如此大规模的情况下相信美国政府所做的事情一定是正确的。

诺列加击中了毒品寡头的要害：他们的口袋。他让毒品洗钱银行损失了很大一部分利润。他让银行家们声名扫地。

他打破了现状，让巴拿马的银行法有了用武之地。诺列加阻挠了基辛格的安第斯计划，破坏了中美洲的武器销售。他踩着非常有权势的人的脚。为此，曼努埃尔-诺列加将军被判处在美国监狱中度过余生。

在大多数美国人的心目中，巴拿马已经退居次要地位，如果有的话。诺列加被牢牢地关在监狱里，对无法无天的布什政府和华尔街银行家或他们的贩毒集团客户来说不再是一个危险。这似乎对卡特、里根和布什都有效。公然非法入侵巴拿马导致50名美国人和7000名巴拿马人丧生的事实很快就被遗忘。被遗忘的人是缉毒局局长约翰-劳恩（John Lawn）曾描述为他在巴拿马的反毒品小组中最好的球员。美国纳税人保持巴拿马对毒品贸易开放的成本从未被披露。

诺列加的罪行是他对毒品贸易和为其服务的银行了解太多，1989年他对洛克菲勒银行构成了严重威胁，这些银行正在为所谓的非法贸易洗钱。所以他必须被处理。被美军摧毁的街区仍然是一片废墟。在巴拿马，新闻审查制度仍然有效，甚至在入侵的美国军队离开三年后仍然有效。1992年8月，巴拿马市市长Mayin Correa攻击《Momento》杂志的编辑，因为该杂志发表了一篇**揭示市长**的行为和在巴拿马一家银行的   "特殊账户"的文章。

反对华盛顿的傀儡政府是不被容忍的。在巴拿马，任何参与抗议示威的人都有可能被逮捕和监禁。甚至   "组织"示威也是一**种犯罪**，组织者可以不经审判就被投入监狱。这就是布什和那些允许他蔑视美国宪法的参众两院的遗产。

在巴拿马，贿赂和腐败盛行，与毒品有关的指控在华盛顿的代理人   "波克"-**恩达拉政府的高**层飞扬，包括巴拿马最高法院首席法官卡洛斯-洛佩斯。布什政府留下的烂摊子需要调查，但不幸的是，华盛顿没有人有兴趣做任何事情。公民的讨伐行动已经消失。似乎唯一的公民讨伐活动是关于诺列加对华尔街银行家及其可**卡因**贸易伙伴构成的威胁。

布什是否会因在巴拿马犯下的战争罪行而受到审判？不太可能，因为美国最高法院驳回了500个巴拿马家庭对1989年12月入侵期间遭受的损失提出的非常适度的赔偿要求。诺列加的弹劾本应保证结束毒品贸易的局面，但现在呢？事实是，它没有任何进展。根据我的情报来源，巴拿马的自由贸易区科隆今天处理的可卡因数量大约是诺列加时代的**两倍**。**情**报报告显示，每天有五到六艘载有毒品的船只经过那里。以前只有高级官员被毒枭收买，今天则是人人都被收买；巴拿马的贩毒活动已经达到了令人难以置信的高度。

巴拿马毒品贸易的急剧增长伴随着犯罪率的相应上升：自诺列加1989年被俘虏者带走后，犯罪率上升了500%。失业青年团伙在曾经繁荣的科隆市游荡，寻找工作，但却屡屡被拒绝，只能任其自生自灭，通常是犯罪。随着人民保卫部队的解散，街道和公路被黑帮分子所拥有，包括一些前人民保卫部队成员，他们因为被列入   "黑名单"而找不到工作。设在科隆自由贸易区的几家美国公司被迫返回美国，因为他们的高管被绑架并被勒索赎金，通常是一百万美元，这在诺列加执政时是不可能发生的。

由于担心犯罪率比诺列加统治时期更高，因此建立了一支由私人警卫组成的庞大军队。布什总统告诉世界，巴拿马国防军是诺列加政府的
"镇压工具"，并公**开表示他和他的朋友**贝利博士打算解散该部队。巴拿马失去了曾经纪律严明的国防军，取而代之的是15000名私人卫队，每个政府成员都有自己的私人军队。在巴拿马的街道上，无政府状态占主导地位。

腐败现象十分猖獗。美国的补贴（美国纳税人的钱），本来是用来重建被毁坏的街区的，结果却落入了华盛顿安排的政客的贪婪之手。其结果是：不适合居住的、类似于楼

房的混凝土公寓，没有窗户、浴室或厨房，没有油漆，不**适合人**类居住。这就是乔治-布什的 "民主"在巴拿马取得的成果。

IX.关注南斯拉夫

塞尔维亚一直是巴尔干地区的一个麻烦制造者，导致第一次世界大战的事件就是证明。这一事件是1914年6月28日斐迪南大公在访问萨拉热窝时被暗杀。刺客加夫里洛-普林西普（Gavrilo Princip）与他的同**伙一起，代表被称**为"联合或死亡"（黑手党）的塞尔维亚秘密社团行事，该社团由塞尔维亚于1911年成立，用于以塞尔维亚领土要求的名义煽动反对奥地利。

塞尔维亚政府知道这个阴谋，却没有采取任何措施来阻止它。欧洲对这一罪行感到愤慨，特别是考虑到塞尔维亚多年来的不可容忍的活动。1914年7月5日，亚历山大-霍伊斯伯爵被派往柏林并宣布。

> "...我在这里是为了一劳永逸地解决塞尔维亚人不断动荡的问题，并要求为奥地利伸张正义"。

霍约斯的访问所揭示的是，塞尔维亚是一个真正的问题，一个一流的麻烦制造者，打算获取领土并建立一个塞尔维亚王朝。

1914年7月23日，奥地利向塞尔维亚发出了一份书面最后通牒。

1) 解散从事反奥地利宣传的出版物和组织。

2) **开除被奥地利指控从事反奥地利活**动的官员。

3) 停止在学校进行反奥地利的宣传。

4) 与奥地利政府合作，**确定暗**杀斐迪南大公的责任。

5) 对阴谋的责任人提起法律诉讼

6) 逮捕了**两名已知参与其中的塞**尔维亚官员。

7) 塞尔维亚政府的道歉

从这一时期的历史中可以看出，塞尔维亚人的狡猾程度在巴尔干地区是前所未有的。甚至在他们给出答案之前，塞尔维亚人就动员起来对奥地利开战了。他们的官方回应表面上似乎是和解的，但仔细一看，实际上是对奥地利要求的拒绝。塞尔维亚还得到了俄国的秘密保证，即不允许塞尔维亚受到攻击，私下里塞尔维亚也得到了英国政府的同样承诺......。

1914年7月28日，奥地利向塞尔维亚宣战，随后轰炸了贝尔格莱德，德国要求占领塞尔维亚。许多其他国家随后宣战。

1^{er}8月：德国对俄罗斯。

8月3日：德国对法国。

8月4日：英国对德国。

8月5日：黑山对奥地利。

8月6日：塞尔维亚对德国。

8月6日：奥地利对阵俄罗斯。

8月8日：黑山对德国。

然后是宣战的爆发，日本对德国，塞尔维亚对土耳其，保加利亚对塞尔维亚，最终在1918年**达到高潮，危地**马拉对德国，尼加拉瓜对德国和奥地利，哥斯达黎加对德国，海地和洪都拉斯对德国。不幸的是，俄国无法看到大局：它被英国为即将到来的布尔什维克革命设下了陷阱，沙皇尼古拉直接走进了狡猾的塞尔维亚人和更加可疑的英国人为他设置的陷阱。

1915年5月7日，在英国的怂恿下，盟国向塞尔维亚提供了最终获得波斯尼亚和黑塞哥维那的保证，其中包括保证

"通往亚得里亚海的广阔通道"。这是塞尔维亚对这些国家进行侵略的根本原因，1993年的侵略有可能使欧洲再次卷入一场毁灭性的战争。在这四十年的动荡和恐怖中，可以看到以负责将美国拖入第一次世界大战的爱德华-格雷爵士为代表的英国黑人贵族的手。今天的演员是大卫-欧文勋爵、卡林顿勋爵、赛勒斯-万斯和沃伦-克里斯托弗。

1916年12月18日，所谓的威尔逊建议被公开，其中包括英国政府要求重新建立塞尔维亚和黑山。鉴于美国在1916年与英国一起进行干预，我们不应该对目前通过外交关系委员会的国务卿沃伦-克里斯托弗的派遣，让美国参与在巴尔干地区制造一场更广泛的战争的鼓动感到惊讶。这一切以前都做过。

南斯拉夫的简史显示了英国寡头阴谋的存在。1917年7月20日，在国际联盟（联合国的前身）、英国和意大利的巨大压力下，克罗地亚人、塞尔维亚人和黑山人签署了《科孚条约》。对塞族人来说，条约的签署意味着在巴尔干建立塞族王朝的第一步，**哈布斯堡家族将在其中**发挥关键作用。克罗地亚人在天主教会的支持下，反对该条约，但无力阻止其实施。因此，一个塞尔维亚王朝下的单一国家离现实又近了一些。

1918年11月3日，由于格雷、豪斯上校（Mandel Huis）和威尔逊总统策划的美国军事干预，德国被迫接受第一次世界大战的失败。在英国政府的鼓动下，在日内瓦举行了一次"南斯拉夫会议"，并于1918年12月4日宣布成立克罗地亚、斯洛文尼亚和塞尔维亚王国。

塞族人立即**开始了**对克罗地亚的侵略行动，试图维护他们对克罗地亚领土的权利，尽管他们在日内瓦签署了什么。1917年11月26日，黑山人宣布与塞尔维亚联合，亚历山大亲王接受了这个新国家。这个地区的历史，从那一刻起，相当清楚地显示了导致塞尔维亚崩溃的所有欺骗、掩饰和赤裸裸的谎言，一直到目前的冲突，英国政府在其中发挥了

177

主导作用。

正如我经常指出的那样，各地自由人民的敌人与其说是共产主义，不如说是华盛顿那个秘密的、全能的、优越的平行政府，它实际上一直把各地的共产主义者视为盟友，而从不承认共产主义和社会主义是在英国和美国产生的。

这一点在南斯拉夫和南非最为明显。巴比伦货币体系，假称   "资本主义"，对西方文明的威胁远大于卡尔-马克思的学说，因为它创造了全球的条件，然后为他们的新世界秩序的主人，一个政府操纵它们，为国际银行家谋取利益。

这个暴虐的寡头集团是几十年前建立的，目的是剥夺各国的主权、文化遗产和自然资源。就南非而言，英布战争（1899-
1902）采取了大规模种族灭绝的形式，并试图压制荷兰语和人民的基督教。伴随着大量的黄金、钻石、铂金、钛、铁矿石和其他金属和矿物的被盗。

不幸的车轮在南非转了一圈，"加略人犹大   "彼得-博塔将他的**灵魂出**卖给了一个世界的政府，"克伦斯基
"威廉-德克勒克以一**种会**让本尼迪克特-
阿诺德脸红的方式背叛了他的人民。在南非，借口是
"**种族隔离**"，即《**圣经**》中的种族隔离学说，而在印度，英国占领时期建立的更糟糕的种姓隔离制度被允许不受干扰地发展，至今仍然如此。印度的   "**种族隔离**
"比在南非看到的要严格得多。

基于对黑人福利的可笑关注，一个被定罪的罪犯纳尔逊-曼德拉，其罪行包括盗窃、恐怖主义、制造炸弹和叛国罪，突然被媒体的豺狼们变成了民族英雄，他的同伙在印度律师和犹太共产主义者乔-
斯洛沃的带领下，也成了民族英雄。一旦德克勒克将权力移交给曼德拉，这将是南非的新政府。南非人民现在才震**惊地意**识到，莫斯科在他们的背叛中只扮演了一个非常小

的角色。主要参与者是华盛顿和伦敦。

超国家政府在300人委员会的指导下，正在克罗地亚和波黑直接使用其破坏国家主权的议程，在美国，它正忙于使美国宪法屈从于《联合国宪章》，《联合国宪章》由美国联邦储备委员会背信弃义地提出，并在1945年由美国参议院通过，只有五位参议员记录在案，真正阅读过该条约文件。

克罗地亚，一个有一万年历史的国家，沦为对世界造成如此大伤害的同一个阴谋家的受害者。在二战中站在德国一边的借口下，克罗地亚开始感受到美国媒体的毒笔记者的控制。尽管有一个民选政府，尽管它的主权被联合国、欧洲经济共同体所接受和承认，但美国秘密政府还是着手摧毁克罗地亚，它只是不情愿地接受了12月1日　　　　"盟国"强加给它的统一，er。

在英国和美国的全力支持下，塞族的计划是尽可能多地夺取领土，这样一旦塞族得到了他们想要的东西，就会要求联合国来
"决定"。这一决定将根据塞族国民持有和占领的领土来做出，因此需要在塞族人可以逃脱的范围内赶走克罗地亚人和穆斯林人。这就是 "**种族清洗** "的起源。

乔治-布什总统于1991年11月9日明**确表示了他的立**场。

> "我们在南斯拉夫看到，民族自豪感如何能使一个国家陷入血腥的内战。"

这也是英国政府的
"路线"；国家主权将被置于历史的背景中，而有利于建立一个新世界秩序。

在所有的基督教领袖中，只有教皇约翰-
保罗二世有勇气对塞尔维亚人说话，在布什为米洛舍维奇总统开绿灯后不到四天。许多新教教会领袖明显地保持沉默。

"这场给欧洲和世界带来耻辱的悲剧必须被制止。在过去的几天里，克罗地亚各地发生了前所未有的暴力袭击事件，但特别是在杜布罗夫尼克和武科瓦尔。在杜布罗夫尼克，一家酒店和一家装满难民和伤员的医院被击中，等等。这是一种侵略行为，必须停止。我恳求南斯拉夫军队放过手无寸铁的平民的生命。"

贝尔格莱德政府的反应是加强对平民住宅、教堂、学校和医院的轰炸，他们清楚地知道，布什政府不会采取任何行动来制止暴力。

斯洛博丹-
米洛舍维奇在其最阴险的行动之一中，要求联合国派遣"维和人员
"来分化双方。联合国接受了这一请求，通过驻扎军队，默许了南斯拉夫军队夺取的土地现在属于塞尔维亚。同样的背叛行为在波斯尼亚和黑塞哥维那重演。卡林顿勋爵，这个北约和罗得西亚的叛徒，义不容辞地要求联合国在他所谓的危机地区部署他的士兵，从而完美地实现了南斯拉夫的目标。

在劳伦斯-伊格伯格、赛勒斯-
万斯和布什政府的**帮助**下，**德国受到威**胁，如果它承认克罗地亚和波斯尼亚和黑塞哥维那的独立，就会遭到经济报**复。因与**贝尔格莱德政府有广泛的金融联系而受到国会议员亨利-
冈萨雷斯指责的伊格伯格说，美国永远不应允许任何欧洲国家承认克罗地亚和波斯尼亚-
黑塞哥维那的独立。万斯在1972年在意大利贝拉焦举行的宗教间和平座谈会制定的计划中发挥了作用，他宣布承认波斯尼亚和克罗地亚的独立
"太危险了"，但万斯没有说他真正的意思：这对新世界秩序--一个政府来说确实 "太危险了"！

教皇约翰-保罗二世制止了布什的计划，说他将
"向各共和国发出承认其独立的信息"。这一宣布在华盛顿

和伦敦的300人委员会和机构中引起了震动，有助于说服德国承认克罗地亚和波斯尼亚-黑塞哥维那。

塞尔维亚领导人米洛舍维奇已经放弃了
"南斯拉夫"，而选择了
"大塞尔维亚"。所有的塞尔维亚正规和非正规军事单位现在都集中精力，在美国和英国迫于舆论压力做出微弱的尝试来阻止他的恶行之前，夺取尽可能多的领土。米洛舍维奇的领土野心所依据的模式是英国人在1923年洛桑会议上制定的模式，在那次会议上达成了大规模驱逐希腊和土耳其平民的计划，并造成数千人死亡。这也是对黎巴嫩被瓜分的方式的几乎完全**复制**。

布什政府完全了解塞尔维亚的战略，并遵循了它。英国和美国对巴尔干地区正在进行的屠杀视而不见，那里的大规模**种族**灭绝和获取领土的行动进行得如此迅速，如果不立即阻止米洛舍维奇的推进，那就太晚了。发生了一些变化；在克罗地亚，大部分人口被赶走了，而现在在波斯尼亚，特别是在穆斯林地区，公民被故意屠杀了。

难民问题正在被死亡所取代，其规模是第二次世界大战以来所没有的。整个村庄和小城镇被摧毁，其居民，无论老少，都被炮弹和迫击炮火射中或故意击中。法国情报人员告诉我，

> "波斯尼亚近68%的地区面临着被消灭的危险，人民、教堂、学校和**家园**。这是我们在过去七十年中看到的最糟**糕的恐怖形式**。"

"联合国部队呢？"我问道，"他们在做什么来保护波斯尼亚人？这不正是他们应该存在的目的吗？"我的消息来源回答说。

> "联合国部队实际上是站在塞族人一边的，他们不应该在联合国巡逻的被占领的波斯尼亚领土内作战，但塞族人只是把联合国部队当作盾牌。另一方面，联合国部队正在阻止波斯尼亚部队夺回塞族人失去的领土；联合国

部队正在阻碍他们，但却没有采取任何措施来阻止塞族部队从维和人员背后发动攻击"。

塞族人利用 "非军事区"引进了重炮和坦克。波斯尼亚领导人现在确信，联合国部队赞成卡林顿勋爵的洛桑计划：当欧文勋爵谈论 "和平"时，塞尔维亚人却在绕过联合国部队。

到目前为止，美国和英国所做的一切，包括嘲笑对塞尔维亚的所谓 "制裁"，对米洛舍维奇来说都是有利的；他能够告诉塞尔维亚人，他们是 "英国和美国侵略"的受害者，而没有受到无牙制裁的剥夺。甚至 *《华盛顿邮报》也*承认，制裁没有任何作用，并得出结论，在塞族满足其领土野心之前，战斗不会停止。

就全球政治战略而言，英国政府在对其他国家施加痛苦和折磨方面一直处于领先地位。卡林顿勋爵是一位前 "谈判专家"，他的背叛记录可以写满两卷书，他声称 "双方都在撒谎"，这是书中最古老的歪曲真相的伎俩。伦敦 *《每日电讯报》* 说，不应该向波斯尼亚提供任何形式的援助，甚至是食物。

"这只是让他们更容易继续战斗。如果让他们饿着肚子，死于伤口或疾病，他们会更快停止。你必须要残忍，才能成为善良的人。有些时候，坐视他人受苦是一个艰难的决定，但这仍然是正确的决定。"

英国政府应该知道这一点。在英布战争（1899-1902年）期间，当他们无法击败一支微不足道的非正规布尔人部队时，基钦纳勋爵将所有布尔人的妇女和儿童集中起来，放在集中营里，让他们挨饿和死于疾病。约有25,000名布尔人妇女和儿童丧生，相比之下，这意味着17-18%的美国人口将屈服于这种野蛮行为。显然，卡林顿勋爵和欧文勋爵正在重复基钦纳在波斯尼亚和克罗地亚的战术。

有一点是肯定的：米洛舍维奇和所有的恶霸一样，是一个内心懦弱的人，如果他不是知道自己不会被逮捕，不会遭受英国和美国的报复，他永远不敢破坏人的生命和财产。米洛舍维奇无意结束战斗，直到他占领了100%的波斯尼亚-黑塞哥维那。如果不尽快阻止他，战斗可能会蔓延到科索沃，这是一个阿尔巴尼亚族地区。

土耳其已经承诺，如果科索沃受到攻击，将向穆斯林提供援助。土耳其将利用其与阿尔巴尼亚的协议来为这种行动辩护。如果发生这种情况，战争吞噬整个欧洲的危险就会更大，因为难民将涌入拥有大量阿尔巴尼亚-穆斯林人口的马其顿。如果土耳其向穆斯林提供援助，我们可以预期希腊会反对它，为迅速升级为一场重大战争创造条件。

目前，马其顿正受到 "Perfidious Albion"战略的影响，这意味着正在做一切可以做的事情来破坏马其顿政府，该政府于1991年9月1日^{er}，并于1991年11月17日获得新宪法。从我收到的情报报告来看，似乎正在鼓励来自伦敦的政治孤立，这将使塞族人更容易呼救，从而为塞族军队攻击马其顿打开大门。我的情报来源告诉我："一旦波斯尼亚结束，这几乎肯定会发生。

欧文-**卡林**顿-
万斯的波斯尼亚和平计划是一场可怕的闹剧。它将为塞族人做他们决定要做的事，而不会造成更多的生命损失。该计划要求对波斯尼亚进行分割，让塞族人在波斯尼亚占有更大的**份**额，但不能保证一旦签署并宣布和平，塞族人不会再回来扫荡剩下的波斯尼亚人，最重要的是，结束其几百年的穆斯林存在。

1992年5月13日，**卡林**顿勋爵在《伦敦*时报*》上表**达了他**对波斯尼亚和黑塞哥维那人民的蔑视。

> "如果人们想打架，只有两个选择。要么让他们打起来，要**么用武力把他**们分开。"

这意味着波斯尼亚和克罗地亚毫无理由地选择对抗塞尔维亚的侵略，而塞尔维亚是侵略者，这是一场家族争斗，或者说是一场内战。这不是一场战斗，而是克罗地亚和波斯尼亚试图阻止他们的土地被夺走，阻止他们的人民和文化被消灭。

我们可以公平地推断出，自第一次世界大战前，英国就一直负责巴尔干地区的行动。据说军情六处实际上管理着许多国家，这并不夸张。这是如何做到的？主要是通过英国君主，也就是现任女王伊丽莎白二世授权的秘密情报活动。

军情六处只对君主负责，而伊丽莎白二世女王在军情六处的事务上远比大多数人积极。当然，她可以这样做，因为资金完全来自她的钱包。伊丽莎白女王每天都会收到军情六处   "M "部的简报，这使她比美国总统更了解情况。她对巴尔干地区的兴趣，作为英国的一项行动，是毋庸置疑的。

在目前于1984年初**开始的南斯拉夫行**动中，英国情报部门拥有完全的控制权。由于对未来事件的预期，从南非为南斯拉夫订购了大量的火药，当时南非生产的火药质量是世界上最好的。1984年，南非的大部分产品运往伊朗，但随后，在伦敦某人的命令下，南斯拉夫开始大量抽走这些货物供自己使用。我接触到的情报报告显示，金融方面由伦敦的Arbuthnot Latham银行负责，既为伊朗人也为南斯拉夫人。在南斯拉夫 "宪法危机 "之前的几年里，武器集结仍在继续。

1991年5月15日，在军情六处的煽动下爆发了'宪法危机'，当时米洛舍维奇、他的军情六处训练的'布尔什维克'和塞尔维亚军队的一个激进派别阻止了集体国家总统制度，在塞尔维亚、克罗地亚、斯洛文尼亚、马其顿、黑山和波斯尼亚之间轮流担任总统。这发生在轮到克罗地亚人斯蒂佩-梅西奇担任该职位时。

这一行动还阻止了所有党派签署宪法协议，以便按照民众选举的要求建立四个独立的共和国。塞尔维亚、克罗地亚、波斯尼亚和马其顿已同意成为一个国家联盟。如果发生了这种情况，军情六处的控制就会被大大削弱。米洛舍维奇根据军情六处的指示行事，其意图是发动一场战争，让拥有最强大军队的塞尔维亚夺取不属于它的领土。

梅西奇在贝尔格莱德电台上谴责米洛舍维奇的煽动性举动："这不是种族间的冲突，而是布尔什维克-塞尔维亚扩张主义造成的危机"。这些预言在大多数西方领导人和世界人民的脑海中消失了；对他们来说，这只是茶杯中的风暴，而不是第三次世界大战的开始。即使在这个阶段，一切也并非毫无希望；塞尔维亚被孤立了，只有黑山的支持，而且似乎军情六处可以被挫败。

按照300人委员会多年来的惯例，美国卷入了这场冲突，为英国人做脏活。布什在南斯拉夫的干预就像他在海湾战争中一样。1991年5月20日，布什宣布美国对南斯拉夫的所有援助将被暂停。布什非常清楚，他的行动将破坏一个微妙的局势的稳定，并挑起一场武装冲突，但他坚持以"南斯拉夫在科索沃进行严重镇压"的似是而非的理由。甚至宣布的时机也非常可疑--塞尔维亚当时正处于对科索沃的非塞族人实施暴力的第三年--它在克罗地亚和波斯尼亚也采用了这种模式，并将很快在马其顿采用这种模式。

人为制造的危机的原因是什么？英国政府希望阻止德国在多瑙河流域的贸易扩张，以及将巴尔干半岛改组为容易控制的小国。随着危机的扩大，俄罗斯警告说，巴尔干地区可能再次成为可能引发欧洲重大战争的火药桶。莫斯科在对伦敦的评论中尖锐地指出，它说。

"斡旋和干**涉内政之**间有一条非常细微的界限。

塞尔维亚支持的游击队，现在对西方来说似乎并不重要，在莫斯科的祝福下，**开始攻**击克罗地亚。莫斯科直言不讳地指出，俄罗斯将反对任何支持独立国家的举动，并警告说，"参与冲突的一方将意味着与南斯拉夫内外的其他人发生冲突，这种冲突可能成为泛欧洲的冲突"。莫斯科继续向塞尔维亚人提供军事支持。

德国说，"用武力改变边界的企图是完全不可接受的"，并暗示英国、俄罗斯和美国正试图帮助建立一个大塞尔维亚，这是一个非常符合事实的看法。布什在德国8月发表声明前曾会见戈尔巴乔夫。然而，尽管所有的警告表明一场重大的战争即将来临，美国和英国却没有采取任何行动来劝告他们的人民或阻止塞尔维亚的战争扩张主义行为。

8月6日，荷兰外交部长范登布罗克向其欧洲同事发出警告。

> "我们在南斯拉夫的任务已经失败。目前，我们在这里无能为力，但我们想让世界知道，是塞尔维亚方面对会谈的失败负责。南斯拉夫现在正面临着一场悲剧和灾难。

范登布罗克没有说的是，塞尔维亚的不妥协得到了伦敦、华盛顿和莫斯科的秘密支持。美国的主要策划者叫万斯。第三次世界大战的火焰上升得越来越快，但似乎没有人注意到这种危险。

给我看的绝密情报或多或少地描述了英国-塞尔维亚的扩张主义计划如下。

塞族人发动了攻击，并与克罗地亚和斯洛文尼亚划定了新的边界。文科夫奇镇是一个重要的铁路中心，将是攻击的重点。这将使17万克族人流**离失所**，为塞族人腾出空间，使现有的塞族人口增加到2.9万人。这就是所发生的事情：第一次 **"种族清洗"开始了**，伦敦和华盛顿都没有提出抗议。怎么会有抗议呢，毕竟这是按美英的巴尔干战略进行的。

由军情六处设计的英国计划支持一个

"大南斯拉夫"，它将寻求恢复巴尔干地区1915年以前的边界。我想说的是，1915年是塞尔维亚对奥地利的战争的最佳年**份**，这场战争导致塞尔维亚的边界大幅扩张，而军情六处所做的一切是在1915年的基础上继续前进。

英国情报部门告诉米洛舍维奇放弃共产主义的标签，并立即**开始宣**传塞尔维亚的祖国，美国的媒体豺狼也这么做了。在实施英国计划的第一阶段，卡罗尔巴格、卡尔洛瓦茨和维罗维蒂察等城镇被沃伊斯拉夫-
塞塞利指挥的塞尔维亚非正规军入侵，他犯下了各种暴行，后来告诉一家伦敦报纸。

> "...克罗地亚人必须搬迁或死亡....我们不希望在我们的领土上有其他民族，我们将为我们真正的边界而战"。

在这一切中，中情局显然视而不见，布什政府也是如此。如果美国当时采取了果断的行动，就不会有进一步的
"种族清洗
"了。人们可以想象，如果南非白人采用米洛舍维奇的战术，以巨大的暴力和流血将黑人部落赶回他们的家园，中情局和克林顿政府会视而不见吗？

毫无疑问，全世界都会发出一片哗然，我们会看到联合国、英国和美国在**眨眼**间向南非派兵。这些大国在与塞尔维亚和南非的关系中的虚伪性是残暴的。

毫无疑问，由于犹太复国主义的压力，没有采取任何行动来阻止塞尔维亚的暴行和土地掠夺。犹太复国主义者希望利用大规模人口转移来解决他们所谓的
"巴勒斯坦问题"。犹太**复国主**义作家肖洛莫-
塔德莫（Sholomo
Tadmor）曾表**达**过这样的观点，并列举了在巴基斯坦与印度分**离**时，由路易斯-
蒙巴顿勋爵监督的印度教徒和穆斯林的大规模转移作为证据。蒙巴顿被暗杀，有人说是由军情五处决定的，因为他所谓的同性恋活动让伊丽莎白女王感到尴尬。据说，"迪克

叔叔

"从衣**柜里出来的次数有点多，而且拒**绝听从军情五处的建议，对他的私人生活更加谨慎。

塞尔维亚和犹太复国主义之间的联系在荷兰外交部长范登布罗克预言的悲剧中起着重要作用。对德国和克罗地亚的野蛮攻击，包括对克罗地亚总统图季曼和德国总理科尔的"纳粹

"辱骂，足以说明问题。据我的情报联络人说，欧洲为寻找一个可行的问题解决方案所做的努力

"被英国和耶路撒冷的消息来源从内部破坏了"。显然，英国在法国、俄罗斯、土耳其和美国之间平衡力量的方法是预定的路径。

到1991年9月，非常明显的是，塞尔维亚人打算分割克罗地亚和波斯尼亚-黑塞哥维那，然后对马其顿进行

"**种族清洗**"。英国的情报报告清楚地表明，巴尔干计划已走上正轨并按计划进行。米洛舍维奇、白厅和华盛顿对欧洲共同体外交部长在布鲁塞尔提出的停止塞尔维亚侵略的所有要求都刻意忽视。

我的情报来源说，当詹姆斯-
贝克三世和英国人也这样做时，没有一个欧洲领导人敢于透露他们的手被绑住了。

外交部长道格拉斯-
赫德给米洛舍维奇开了绿灯，让他对波斯尼亚和黑塞哥维那发动全面进攻。

> "欧洲部长们非常清楚，试图阻止塞尔维亚人--
> 他们知道自己得到了伦敦和华盛顿的支持--
> 遵循我们的建议是徒劳的。除非英国和美国的支持撤消，否则无法阻止塞尔维亚的进攻"。

这可能是真的：如果没有英国和美国的默许支持，米洛舍维奇就不敢实施卑鄙的暴行，造成近25万人死亡，200万人受伤，至少400万难民。南斯拉夫境内的塞族人的地位得到

了美国和英国的支持。

历史表明，英国的秘密政府总是出人意料地成功地通过欺骗的外交手段来实现其目标。我想到了巴勒斯坦的谈判，这些谈判从一开始就是欺诈性的，由英国犹太复国主义联合会的负责人罗斯柴尔德勋爵控制。

1991年9月，不是罗斯柴尔德勋爵，而是他的下属卡林顿勋爵，一个公认的犹太复国主义者，站出来在南斯拉夫进行谈判。卡林顿在拆毁罗得西亚、南非、北约和阿根廷时获得了出色的经验。作为一个欺骗大师，卡林顿于1991年9月7日在荷兰海牙组织的欧洲共同体和平会议是一个亲塞尔维亚的指控。这次会议的效果是加强了塞尔维亚的侵略，使塞尔维亚能够重新划定南斯拉夫的边界，以利于大塞尔维亚的发展。

在通过与南斯拉夫的贸易和经济事务禁运时，会议没有明**确指出克**罗地亚受到惩罚：欧洲与南斯拉夫的大部分贸易是通过克罗地亚进行的。看起来是在惩罚米洛舍维奇，但感受到英国赞助的大棒重量的却是克罗地亚。除非塞尔维亚人停止战斗，否则南斯拉夫的和平会议不应该举行，但当米洛舍维奇对这个条件竖起大拇指时，欧共体代表还是举行了会议，这是贝尔格莱德屠夫的真正政治胜利。

在欺诈性会议之后，意大利外交部长詹尼-德米凯利斯--他狂热地支持布什对伊拉克的非法战争--公然支持米洛舍维奇，问道："我们真的会在南斯拉夫打仗吗？我们会为萨格勒布而死吗？当然不是。9月19日，**卡林**顿勋爵正式承认会议已经失败。当然，他并没有说这是为了失败。卡林顿拒绝为塞尔维亚人和其他各方之间的会议设置先决条件，这怎么可能是一个成功？

英国和美国赞助的会议旨在给塞族侵略者提供他们所需的所有时间，以夺取更多的土地，杀害更多的克罗地亚人、穆斯林和波斯尼亚人。这正是所发生的事情。此外，南斯拉夫空军首次对平民城镇进行了空袭。战斗在整个会议期间持续进行，卡林顿勋爵没有对米洛舍维奇的行为进行一次训斥。罗得西亚的情况几乎相同：当卡林顿谈论"和平"，罗得西亚部队按兵不动时，共产党人罗伯特-穆加贝继续对孤立社区的妇女和儿童进行谋杀式攻击，卡林顿没有提出任何批评意见。

我的情报来源告诉我，卡林顿威胁德国说，如果它越轨，向克罗地亚人和波斯尼亚人提供真正的支持，它就会遭到"经济报复"。**卡林**顿勋爵就联合国 "维和"部队做出了自己的秘密决定。会议结束后，科尔总理要求会见乔治-布什。他的请求被接受，条件是不谈军事干预或对贝尔格莱德的金融制裁。布什唯一同意的是沿克罗地亚和塞尔维亚之间的线路布置一支维和部队，从而在事实上承认了塞尔维亚对克罗地亚领土的占领。

在英国人的警告下，米洛舍维奇甚至拒绝了针对塞尔维亚的这种微不足道的行动，说他不欣赏"任何外国军事存在"。科尔被警告说，如果德国兴风作浪，可能会在巴尔干地区引发一场重大战争，并迅速蔓延到整个欧洲。布什不愿意承认的是，这样的战争已经在进行中，没有什**么可以阻止它的**发生。

因此，在外交官们交谈时，克罗地亚人、穆斯林和波斯尼亚人继续在流血。为了支持这场闹剧，布什派遣了长期以来一直是光照派成员和300人委员会高级官员的赛勒斯-万斯（Cyrus Vance）来促成新一轮的和平谈判。10月9日抵**达**贝尔格莱德时，作为1972年宗教间和平座谈会--为目前在南斯拉夫的行动奠定基础--的原始成员，万斯得到了最大的媒体报道。

万斯访问的结果是，美国国务院要求在南斯拉夫的美国人**离开**该国，并减少其在萨格勒布的大使馆的领事人员。万斯对塞尔维亚人的武器禁运又是一个完全的骗局，因为他知道贝尔格莱德政府已经为其大炮建立了大量的火药库存，其自身繁**荣的**军火工业不会受到美国赞助的禁运的损害。与经济禁运一样，受到武器禁运严重影响的是克罗地亚人、穆斯林和波斯尼亚人。很难找到一个更残酷的欺骗性外交政策。

1991年11月6日，德国总理赫尔穆特-科尔再也无法控制自己。科尔不顾卡林顿勋爵和乔治-布什强加的禁言令，告诉联邦议院（议会），必须立即承认斯洛文尼亚、克罗地亚和波斯尼亚-黑塞哥维那的独立共和国。科尔是在米洛舍维奇第三次拒绝欧洲和平计划的情况下促成的。

我的情报来源告诉我，科尔对卡林顿勋爵的策略感到愤怒，他的亲塞尔维亚法令变得越来越无耻。卡林顿曾告诉米洛舍维奇，不会要求塞尔维亚尊重阿尔巴尼亚人主导的科索沃地区。随后，**卡林**顿为塞尔维亚军队进攻科索沃并随后进军马其顿开了绿灯。科尔曾与他的情报主管私下讨论了冻结南斯拉夫在德国银行的所有资产并迫使德国投资者把钱撤回到贝尔格莱德银行的可能性。

我的消息来源还告诉我，当科尔的秘密讨论被　　　"泄露"给卡林顿时，他变得非常生气，据说他警告米洛舍维奇可能会发生什么。米洛舍维奇随后发布了一项紧急法令，命令南斯拉夫中央银行将其高达95%的外汇--近50亿美元--存入瑞士银行账户。这一措施是在卡林顿向贝尔格莱德提供线索数小时后采取的。

布什对他已经对克罗地亚、斯洛文尼亚和波斯尼亚-黑塞哥维那等独立共和国造成的损害感到不满，很可能在皇家国际事务研究所的指示下，前往海牙。11月9日，他向来自欧洲共同体的代表发表讲话。宣告

> "在新的欧洲没有这些旧的敌意痕迹的位置，我们现在在南斯拉夫看到的是民族自豪感如何在内战中分裂一个国家。

布什随后指责克罗地亚想要独立。

布什先生继续对克罗地亚进行攻击,他说。

> "...虽然建设民主和改革市场的紧迫工作正在取得进展,但有些人认为自由的胜利是一种苦涩的收获。从这个角度看,共产主义的崩溃打开了旧有的民族仇恨、怨恨甚至报复的潘多拉盒子......整个欧洲都被一个老敌人--
> 民族主义--
> 的危险所唤醒,它被仇恨所驱使,对更高尚的目标漠不**关心**。这种民族主义滋长了陈旧的偏见,教导人们不容忍和怀疑,甚至种族主义和反犹太主义"。

讲话的结尾是布什讲话的关键:将独立的愿望与反犹太主义等同起来。对于那些不熟悉暗语和情报术语的人来说,如何建立这种联系并不清楚。这个信息的背后是什么?我在情报部门的联系人,专门研究暗语,告诉我这个消息是给德国的,警告他们不要来援助克罗地亚、斯洛文尼亚和波斯尼亚,以免被误认为是民族主义的兴起,将德国的援助企图等同于 "纳粹主义"。

在加拿大议会中,政府也有义务展现出清廉的一面。1991年11月18日,外交部长芭芭拉-
麦克杜格尔被迫宣布,将不承认克罗地亚和波斯尼亚-
黑塞哥维那独立共和国。在众议院双方的怒吼声中,麦克杜格尔宣布,她被卡林顿和万斯说服了,承认各共和国将是一个**糟糕的决定。随着两个假** "谈判代表"真正邪恶、欺骗和奸诈的角色被揭露,发生了愤怒的交流。令人难以置信的是,McDougall宣称

> "......此时承认克罗地亚、波斯尼亚和斯洛文尼亚将标志着谈判进程的结束,使问题只能通过武力和暴力解决。

这正是塞尔维亚人的政策,也是他们一直想要的。

同时,对南斯拉夫的武器禁运仍然是一个笑话,因为塞尔维亚人继续从瑞典商人那里得到火药,以及其他不是在南斯拉夫生产的武器。军火列车没有尽头。穆斯林没有收到任何武器,波斯尼亚人通过伊朗只收到少量的步枪和手榴

弹。这些武器不是塞族大炮和坦克的对手。全副武装的塞尔维亚军队继续其 "死亡营"运动。克罗地亚和波斯尼亚收到了7,000支**步**枪和足够维持三个月的弹药,与塞尔维亚的155毫米大炮、迫击炮、重机枪、榴弹发射器、坦克和装甲运兵车对垒。

日内瓦公约被塞尔维亚人完全藐视,但美国不能真正抱怨,因为我们在伊拉克做了完全相同的事情,甚至更糟。我知道没有任何事件能与活埋12000名伊拉克士兵的野蛮暴行相提并论。塞尔维亚的重炮对教堂(可能是头号目标)、医院、学校甚至托儿所进行了凶猛的轰击。毫无疑问,塞尔维亚人打算恐吓、谋杀和残害尽可能多的平民。

波斯尼亚和黑塞哥维那的未来无疑是非常暗淡的;塞族侵略者已经占据了78%的土地面积,每天都在以强大的攻势推着面前的一切,而联合国却在小路上匆匆忙忙,对无辜人民的恐怖和大规模屠杀毫无办法。我的消息来源告诉我。

> "联合国是]完全没有信誉的,它没有做任何事情来**帮助**平民,更不用说保护他们免受塞尔维亚的暴行了。特别是联合国在波斯尼亚的特派团是一个骗局,是一个耻辱"。

欧洲共同体部长理事会不满足于它已经在克罗地亚、波斯尼亚-黑塞哥维那和斯洛文尼亚造成的破坏,于1992年5月2日在葡萄牙举行会议,并立即发表声明,拒绝承认马其顿共和国的独立。这实际上是南斯拉夫以外的破坏稳定的力量第三次进入舞台,以确保马其顿成为塞尔维亚侵略的下一个目标。

马其顿和所有巴尔干国家一样,都有独立的权利。它有一块领土,一个主权人民,一个主权议会,以及人民在1991年9月18日举行的公民投票中对独立的压倒性支持。大会(议会)于1990年11月选举产生,一年后颁布了新宪法并被接受。

那么，为什么欧洲理事会不愿意承认马其顿的独立？给出的理由是，希腊不喜欢   "马其顿"这个名字，这可能是未来冲突的一个原因。同时，以马其顿不是一个共和国，而是南斯拉夫的一个组成部分为由，为塞尔维亚的侵略大开方便之门。我预计马其顿将遭受克罗地亚和波黑的命运，并得到美国、英国和法国的默许。法国总统密特朗决心在南斯拉夫发挥重要作用，即使他是一个跛脚的总统。

因此，马其顿的种族清洗的舞台已经搭好，但这一次它将加剧并蔓延到阿尔巴尼亚和匈牙利，意味着俄罗斯极有可能进行干预，这将意味着一场大型欧洲战争的开始，美国将被卷入其中。我们的部队将在人员、设备和财政费用方面承担主要负担。

绝不允许这种情况发生。尽管有媒体的欺骗，美国人民必须以某种方式被唤醒，了解正在发生的事情。有许多其他的替代方案可以用来停止战争。这种措施已经成功地用于推翻伊朗国王，对南非施加严重压力，并在暴力结束后摧毁伊拉克。

美国和英国可用的主要武器之一是金融控制。在几天之内，塞尔维亚人可以通过禁止南斯拉夫货币的贸易，冻结所有南斯拉夫的资金，无论它们在哪里，并对任何与塞尔维亚南斯拉夫进行贸易的国家实施严厉制裁，来迫使他们结束侵略。这些措施如果得到严格执行，其作用将远远超过任何地面部队所能做到的，而且可以迅速实施。在任何情况下，美国都不应向巴尔干地区投入地面部队，因为这将预示着一场大规模欧洲战争的开始。

在采取这些财政和经济措施的同时，美国应该给塞尔维亚三天时间撤出其重炮和迫击炮，之后美国应该在国会的批准下派出战斗轰炸机或重新装备的巡航导弹来摧毁塞尔维亚的武器阵地。我们的飞行员将无法找到他们的目标，这

种蹩脚的借口对我们的武装部队是一种极大的伤害。鉴于技术的进步，包括红外线和激光成像，毫无疑问，我们的飞行员可以在几乎任何天气、白天或晚上找到他们的目标。阻止这种行动的唯一原因是华盛顿不愿意对英国的利益采取行动。使用重新装备的巡航导弹也将消除美国在空中伤亡的任何可能性。

国防情报专家说，需要一支35,000至40,000人的部队来阻止塞尔维亚的侵略。这是一个绝对的低估，旨在欺骗美国人民，他们可能愿意同意如此多的部队参与，但会对更大的部队退缩。大计划是让我们的地面部队参与进来，要么在波斯尼亚，要么（更可能）在马其顿。在适当的时候，我们会被告知，我们的地面部队有被淹没的危险，需要增加5万名士兵。乍一看，我们当中有谁会说
"不要再出兵了，已经够了"。这就是战争将升级的方式。现在是对地面部队说
"不"，对空袭或巡航导弹摧毁塞尔维亚重炮和迫击炮说 "是"的时候。

这种行动将挫败英国战略家的宏伟设计，他们长期以来一直计划利用北约的政治和军事部门使欧洲处于经济和军事的征服状态。一旦知道了这个计划，就没有必要欺骗。这是一个明**确需要做什么的**问题。华盛顿和伦敦的明确意图是将新的世界秩序强加给欧洲，利用塞尔维亚人作为代理恐怖分子，向其他国家表明北约的保护仍然是一个重要的必要条件。

新世界秩序的支持者试图建立的是，当民族主义利益占主导地位时，有一个走向无政府状态的长期趋势。根据1972年IRPC-
Bellagio计划，欧洲的持续分裂是为了表明，生活在一起的人民，无论是多数人还是少数人，总是会有分歧，并且会在暴力冲突中寻求结束他们的分歧。因此，保护一个非民族主义的新世界秩序政府是绝对必要的，甚至是可取的。

根据NWO战略家的说法，[10]，国家之间的力量平衡不会解决问题，因为国家之间总是相互猜疑，担心一个国家会对**另一个国家**寻求优势。这方面的一个例子可以从日本和美国的**关系中看到，在**过去五年中，日本和美国的关系急剧恶化。世界新秩序--
一个单一的世界政府将解决紧张局势并使其消失，因为问题的根源是民族主义竞争，这将被消除。

新世界秩序提出的这个理想主义的骗局当然会涉及大量人口群体的转移，我们被告知这不会伴随着流血事件。"**你看**到了在南斯拉夫发生的事情，"NWO的战略家会说，"当然，最好是和平地完成这种转移。他们可能会指出印度教徒和穆斯林、希**腊人和土耳其人的和平**转移；后者是在第一次世界大战结束后。事实是完全不同的：在这些　"和平"转移中，数百万印度人和穆斯林死亡，还有成千上万的希**腊人和土耳其人。**

"也许，"NWO的**策划者会**说，"但真正的好处将来自于世界政治的转移。为了支持他们的理论，他们指出南斯拉夫的恐怖，他们保证在新世界秩序/一个政府中永远不会再出现。他们指出欧洲没有能力阻止南斯拉夫的敌对行动，承诺在　　　　　　　　　　　　　　　　　"一个政府"的领导下，这种冲突将不会发生。如果偶然爆发，他们会被迅速平息。欧洲在防止南斯拉夫冲突方面的公然失败将被视为未来不应允许世界管理其事务的模式。

在这种情况下，欧洲崩溃陷入一场大的战争，对新世界秩序--一个世界政府来说是一个巨大的优势。当伍德罗-威尔逊带着他的和平计划来到巴黎时，法国人急忙把他当作和平缔造者和救世主来拥抱，而这种欺骗即将再次发生。欧洲和美国国家可能会急于拥抱新世界秩序--世界政府，作为永恒和平的唯一希望。

就像威尔逊的14点和平计划一样，每个国家将得到的是地

[10]新世界秩序, Ndt.

球上从未见过的永恒的奴役和野蛮。南斯拉夫的悲剧是人为制造的悲剧，在整个战略中有着更广泛的目标。塞族人的残暴是一件好事，因为它使欧洲各国每天都在担心他们可能是下一个，在**适当的**时候，他们将被充分"软化"，张开双臂欢迎他们未来的奴隶主。

经过几个月的犹豫，克林顿总统承诺武装波斯尼亚的穆斯林。愤慨的呼声从伦敦升起。欧文勋爵、卡林顿勋爵和赛勒斯-万斯**异口同声地**谴责了这个计划。根据我的情报来源，克林顿从这些有价值的代表那里得到的信息是，他

> "武装波斯尼亚穆斯林是不明智的，因为这只会增加暴力程度，阻碍我们正在努力实现的和平解决。"

由于美国外交政策受到这种不体面的压力，克林顿推迟了**帮助穆斯林自**卫的计划，这种推迟将使塞尔维亚侵略者继续谋杀和占领土地。这就是   "我们的"独立和主权国家的下场：我们向300人委员会的所有要求屈膝。

我们还不知道黑人贵族中谁控制了塞尔维亚人，但很明显，他们中一些最重要的成员参与其中。黎巴嫩是波斯尼亚、克罗地亚和斯洛文尼亚即将发生的事情的一个很好的例子。黎巴嫩的'内战'是由黑人贵族成员，约翰内斯-冯-图恩和塔克西斯王子、哈勒克勋爵（大卫-奥姆斯比-戈尔）和卡林顿勋爵，与亚历山大-海格、朱利安-阿梅里、亨利-基辛格、埃德蒙-佩克爵士、尼古拉斯-艾略特（军情六处中东站负责人）、鲁伯特-默多克和查尔斯-道格拉斯-赫姆等人共同煽动和控制。

这一针对黎巴嫩的罪行被媒体描述为内战，而实际上并非如此。塞尔维亚对其邻国的谋杀性攻击也是以同样的方式描述的。只是这一次，鉴于他们在黎巴嫩被跟踪的方式，导致他们被我和另一位作家发现，所以阴谋家们更加小心翼翼地掩盖他们的踪迹。一旦我掌握了塞尔维亚影子控制

者的名字，我将毫不犹豫地**揭**发他们。

就像在黎巴嫩一样，该计划是将巴尔干半岛分割成若干弱小的自治国家，这些国家将无法对新世界秩序--世界政府的计划进行任何抵抗。如果美国和盟国的地面部队被派往波斯尼亚和科索沃，他们将有能力应付这种情况。

在马其顿，他们将以第一次世界大战最后几天在摩尔曼斯克登陆的盟军远征军的方式进行表演。

必须揭露劳伦斯-伊格伯格和布伦特-斯考克罗夫特这两个同伴在南斯拉夫商业活动中的暗箱操作，米洛舍维奇在华盛顿的关系的重要性怎么估计都不过分。斯洛文尼亚、波斯尼亚-黑塞哥维那和马其顿的人民不会得到世界上唯一的超级大国的**帮助**，**它像一个懦夫一**样被300人委员会及其外交事务部门--皇家国际事务研究所控制。

X.谋杀案的剖析

长期以来，暗杀一直是处置政治对手或政策与另一势力对立的领导人的首选方法，或者当一个由秘密机构任命的领导人不继续服从其命令时，如约翰-肯尼迪总统的情况。

为了实现反对政府、管理机构或宗教戒律的各方认为可取的政治、经济或宗教变革，也会进行暗杀。历史上有很多例子。

很多时候，围绕暗杀的阴谋从未被发现，如小马丁-路德-金、约翰-肯尼迪和罗伯特-
肯尼迪的谋杀案。在这三起案件中，被指控的凶手都被灭口了，奥斯瓦尔德在上法庭之前就被灭口了；雷被一个无良律师劫持了；西尔汗在监狱里。因此，数百万美国人相信，无论是雷、奥斯瓦尔德还是西尔汗都没有扣动扳机。

金被谋杀后，孟菲斯警方立即有了一个黄金机会，可以在雷本应住过的宾馆打上指纹。宾馆位于孟菲斯一个黑人社区的南大街上；雷于1968年4月4日下午3时到达那里。目击者称看到三名男子**离开大楼，其中一人是雷。有意思的是**，为什么从来没有努力去寻找与雷在一起的另外两个人。

在房间里没有对雷的指纹进行积极的鉴定。据佐治亚州调查局的巴尼-
拉格代尔少校说，雷被关押的密苏里州监狱向联邦调查局发送了一套错误的指纹。由于一些尚未解释的原因，联邦调查局花了两个星期才找到雷的指纹，然后宣布他是凶手。这与联邦调查局长期以来的说法相矛盾，即它可以在10分钟内通过指纹对比识别一个人。指纹对比是根据洛杉矶的档案进行的，这与正常程序不同。亚特兰大本来是检查记录的合乎逻辑的地方。洛杉矶的指纹是埃里克-斯塔沃-盖特的指纹。一张照片伴随着这些印刷品。这次延迟与埃里克-斯塔沃-盖特有**关**吗？高尔特 "是雷吗？

当孟菲斯的警察被联邦调查局解雇时，美联社记者唐-麦基写道。

> "联邦特工已经在全市范围内展示一个男人的脸部素描，并询问有关埃里克-斯塔沃-盖特这个名字的问题，这个神秘的猎杀对象与寻找马丁-路德-金博士的凶手有**关**。**特工**们学到了什么，或者他们想从高尔特那里得到什么，是一个严密的秘密。

同为美联社记者的盖洛德-肖发来的电报说。

> "联邦调查局正在扣留在全国范围内分发的杀害马丁-路德-金博士的素描。据称雷在枪击后用来逃跑的白色野马车在亚特兰大被发现时，被认为是埃里克-斯塔沃-盖特的。联邦调查局发布公告，以**"与另一个他自称是他兄弟的人密**谋伤害、压迫、威胁和恐**吓金博士**"为由逮捕了高尔特。

该公告先是被撤销，然后又被恢复。除其他事项外，据透露，高尔特曾于1964年和1965年在新奥尔良上过舞蹈课。詹姆斯-厄尔-雷（James Earl Ray）当时正在密苏里州的监狱里。

金被谋杀两周后，J.Edgar Hoover宣布，高尔特实际上是詹姆斯-厄尔-雷。胡佛没有说高尔基的兄弟发生了什么。为什么没有对高尔的 "兄弟 "的命**运**进行调查？

孟菲斯警探雷迪特被赶出洛林汽车旅馆区的神秘事件至今仍未解决。在雷迪特被护送回家后，孟菲斯警察局副局长阿金收到特勤局的消息，表示在雷迪特的 "合同 "方面 "犯了一个错误"。"阿金侦探随后去了雷迪特的家，目的不明。阿金仍然不愿意和任何人谈起这段奇怪的插曲。

事实上，雷迪特在执行监视任务时，由同为侦探的W.B.里士满陪同。里奇蒙德说，金被枪杀时，他没有执行监视任务，而是在孟菲斯警察总部，对谋杀案一无所知。后来，里奇蒙德转过身来，承认在金被枪杀的确切时间，他正在洛林汽车旅馆对面的一个消防站里。为什么会有这样的矛盾？里奇蒙德是否向司法部宣誓证明了这一事实，如果是的话，为什么他从未被指控犯有伪证罪？

当苏格兰场在伦敦希思罗机场逮捕雷时，他告诉特工，他的名字是 "拉蒙-乔治-斯奈德"。联邦调查局再一次做了一件奇怪的事情：高尔基在洛杉矶的指纹被送到苏格兰场，而不是在华盛顿的联邦调查局的档案中的指纹。

现在著名的国王躺在洛林汽车旅馆阳台上的照片显示，杰西-杰克逊和安德鲁-杨不是指着客房的窗户，而是指着小丘，目击者说他们看到一个披着毛巾的人躲在一些灌木丛后面。毋庸置疑，金身上的伤口方向表明，这很可能是开枪的地方，而不是宾馆浴室的窗户。

毫无疑问，对雷的审判是对正义的嘲弄。雷不被允许提及"阴谋"一词，而这个词在他的初次认罪中出现过几次。法官还拒绝让雷讨论他的阴谋声明，他的律师珀西-福尔曼（Percy Foreman）同意法官的意见。在福尔曼的建议下，雷认罪，这破坏了他获得全面和公平审判的机会。

1974年10月，雷获准在孟菲斯的联邦地区法院进行新的听证，但经过8天的听证，他的抗辩被驳回。雷继续坚持自己的清白，并告诉他的家人，他决心要查明真相。也许这就是为什么1977年，在布鲁斯山州立监狱时，有人企图谋杀他。虽然他遭受了严重的刺伤，但雷幸存下来。有太多的枝节可以证明凯开了杀死金的那一枪。

300人委员会不断努力控制所有国家的所有自然资源。H.G. Wells和Bertrand Russell勋爵阐述并重申了他们的立场。在刚果和南非，这一立场得到了最坚定的执行。

这个被称为比属刚果的巨大国家，是非洲第二大国家，几十年来被无情地剥夺了自然资源：铜、锌、锡、橡胶、象牙和农产品，如可可、咖啡和棕榈油。比利时国王利奥波德二世经常说，刚果的一切有价值的东西都属于他。这当然是真的，因为比利时政府通过幌子公司管理该国的铁路、矿山、冶炼厂、可可和棕榈油种植园、工厂和酒店。这就是300人委员会最好的政策。

刚果工人得到的报酬很少，他们所得到的主要是免费住房、医疗福利和衣服的形式。所有这些都受到了一位名叫帕特里斯-卢蒙巴（Patrice Lumumba）的有抱负的政治领导人的威胁，他在1959年宣布成立一个全国性的政党，反对比利时对该国的统治。比利时当局将卢蒙巴称为"共产主义者"，是对国家福祉的威胁。他被逮捕，后来被释放。事实上，卢蒙巴关心的不是共产主义，而是改善刚果人民的生活。

1960年，当卢蒙巴寻求从比利时独立时，出现了巨大的动荡。卢蒙巴请求联合国和美国的帮助，但被拒绝。他被国务院描述为一个"玩弄马克思主义言语的人"，顺便说一句，国务院没有为其说法提供任何证据。卢蒙巴惊人的演讲天赋给刚果人民留下了深刻的印象，以至于300人委员会开始对此事感兴趣了。

1960年8月，艾伦-杜勒斯命令**两名都有犯罪**记录的中情局官员在三个月内暗杀卢蒙巴。中央情报局在刚果的报告中注意到卢蒙巴的演说天赋，还描述了卢蒙巴所谓的共产主义关系。接下来的一个月，中央情报局命令细菌学科学家约瑟夫-

施耐德（Joseph
Schneider）带着一个装有一小瓶致命病毒的外交邮袋前往
刚果，这些病毒将被用来杀死卢蒙巴。杜勒斯在与艾森豪
威尔协商后下令消灭卢蒙巴，但由于卢蒙巴一直在移动，
施奈德携带的病毒无法施放。

由弗兰克-
丘奇担任主席的参议院情报监督委员会报告说，中情局与
刚果境内想要杀害卢蒙巴的人员有联系。教会的报告表明
，这些人是比利时政府的特工。由于担心自己的生命安全
，卢蒙巴请求联合国保护，但被拒绝援助。相反，联合国
对他进行了软禁，但他设法乘坐其兄弟提供的汽车逃跑，
与妻子和一个孩子一起，卢蒙巴逃到了斯坦利维尔，在那
里他得到了强有力的支持。

1960年的中情局报告讲述了该机构如何通过向刚果军方展
示如何以及在**哪里**设置路障来帮助夺回卢蒙巴。由300人委
员会任命的傀儡领导人约瑟夫-
蒙博托监督了这次搜查。er1960年12月1日，卢蒙巴被蒙博
托的手下抓获，他被囚禁到1961年1月17日。

1961年2月12日，蒙博托宣布卢蒙巴从关押他的一个偏远地
区的房子里逃出来，他被敌对部落杀害了。但中情局的约
翰-塞克威尔（John
Syckwell）说，一名中情局特工在决定如何处理卢蒙巴的尸
体时，曾把他的尸体放在汽车后备箱里，而这一点从未确
切透露。然而，联合国报告说，两名比利时雇佣兵，胡伊
格上校和盖特上尉是凶手。司法部在结束调查时得出结论
，没有证据表明中情局参与了卢蒙巴的谋杀。

如果考虑到梵蒂冈是一个国家，其名义上的首脑，即教皇
，可以而且**确**实拥有改变历史进程的巨大权力，那么教皇
约翰-
保罗一世的谋杀er，也可以说是一次政治暗杀。从我研究的
文件来看，可以肯定的是，有四位教皇被暗杀，都是通过
服毒自杀。

教皇克莱门特十三世（Carlo
Rezzonico）的故事即使没有得到证实，也是有据可查的。在欧洲皇室的鼓动下，克莱门特决定结束耶稣会在天主教会等级制度中的颠覆。经过几个月的等待，克莱门特镇压耶稣会的公告已经准备就绪。但他从未有机会阅读它以纳入教会法。经过一夜可怕的抽搐和呕吐，克莱门特于1769年2月12日去世。克莱门特的公告消失了，再也找不到了，而耶稣会则变得比以前更强大。

教皇克莱门特十四世（Lorenzo
Gananelli）接替了教皇克莱门特十三世被迫（因死亡）离**开的地方**。1773年8月16日，克莱门特发布了 "Dominus ac Redemptor
"的**圣谕**，宣布耶稣会是教会的敌人。随后立即采取了行动，逮捕并监禁了耶稣会会长及其领导层，没收了耶稣会财产并关闭了他们的教育机构。这是对耶稣会有史以来最大的打击。紧接着，针对克莱门特的险恶耳语开始在梵蒂冈流传。

1774年10月2日，教皇克莱门特十四世暴病，在经历了几个小时的可怕痛苦之后，他去世了。由不知名的人施放的强效毒药，结束了他的生命。这种毒非常强大，导致他的内脏立即崩溃，随后他的整个身体出奇地迅速腐烂。他的脸完全无法辨认，他的身体也无法躺在状态。信息很明确：不要管共济会和耶稣会，否则你会找到死亡。

当阿尔比尼-卢西亚尼勉强接受教皇的冠冕，成为教皇约翰-保罗一世[er]，他立即意识到共济会和耶稣会在梵蒂冈最高会议上的影响程度。他是一位优秀的学者，有着非常敏锐的头脑，但他完全被他的敌人误解了；他温和的谦逊被误认为是奴性。也许是因为这个原因，在投票支持他的99名红衣主教中，有共济会和耶稣会的著名支持者。

但教皇约翰-保罗的态度掩盖了一个人的钢铁意志和决心，一旦他下定决心，就无法劝阻他做他认为应该做的事。那些误以为教皇约翰很容易被操纵而投票给他的自由派红衣主教们在得知他打算**揭露梵蒂**冈等级制度中的共济会并结束大企业对教会的权力时，感到非常震惊。

罗马一家主要报纸*Il Mondo*的编辑Pablo Panerai曾特别抨击他所谓的"梵蒂冈公司"。沛纳海点名批评梅尼尼和保罗-马金库斯，并批评他们与辛多纳和芝加哥大陆伊利诺伊银行的联系。帕内拉震惊了梵蒂冈，他尖锐地抨击了马金库斯主教在巴哈马拿骚的西萨宾海外银行的董事会任职的行为。

这足以让教皇约翰-保罗一世^{er}，并采取行动。1978年8月27日，他邀请他的国务卿维洛枢机主教在他的私人公寓与他共进晚餐。这里有一个令人不安的细节：教皇约翰知道维洛特的名字在格利的P2名单上，该名单列出了梵蒂冈的100多名天主教共济会员。这份名单是在意大利警方突击检查格利的别墅时查获的。那为什么教皇要警告维洛特他要做的事呢？

当天**晚上，在晚餐**时，教皇约翰-保罗一世^{er}，命令维洛特准备一份在梵蒂冈担任高级职位的共济会员名单。他告诉维洛特，不允许天主教徒加入一个秘密组织，在他看来，这个组织致力于摧毁基督教，正如前三任教皇所发现的那样，也正如光照会创始人魏索普所**确**认的那样。

然后他下令，一旦维洛特完成了他的任务，将对共济会进行一次戏剧性的改组；他们将被分散到国外，在那里他们可以对教会造成更少的伤害。根据我的梵蒂冈情报来源，维洛特起初很生气，然后惊呆了，认为这种激进的变化只会带来混乱。但像其他许多人一样，维洛特低估了他的教皇的铁血决心。卢西亚尼仍然坚持认为他的秩序应该得到维护。维洛特必须毫不拖延地准备好这份名单。

损失最大的是"梵蒂冈公司

"中的马辛库斯、卡尔维、辛多纳、科迪、德-
斯特罗贝尔和梅尼尼，而如果他们的名字出现在维洛特的
名单上，主要的耶稣会士有可能失去所有权力和影响。作
为梵蒂冈的高级金融俱乐部--
罗马教廷遗产管理局的成员，维洛特本人也有很多损失。
他将失去其负责人的职位，以及梵蒂冈国务卿的职位。对
维洛特来说，也许比其他人更有必要阻止执行卢西奥尼的
命令。

一个月后，即1978年9月28日，维洛特再次被邀请到教皇的
私人公寓里吃饭。卢西亚尼试图用法语来安抚维洛特的恐
惧，这是他所讲的众多语言中的一种。据在场的红衣主教
贝内利说，这对维洛特的冰冷态度没有影响。吕西安尼以
坚定的声音要求立即执行他关于共济会成员名单的命令。
教皇说，他对红衣主教本内利的报告感到不安，该报告称Is
tituto   per   le   Opere   di
Religione（OPR，梵蒂冈银行）参与了非正常事务。他希
望德-邦尼斯、马尔金库斯、德-
斯特罗贝尔和奥托拉尼主教被撤职，并立即切断OPR与辛
多纳和卡尔维的联系。

卢西亚尼启动了一系列事件，导致了他的堕落。还有一些
人认为他们的力量足以超过共济会的力量，但他们没有意
识到他们的信念是多么错误。当教皇克莱门特十四世在签
署解散耶稣会的诏书时喃喃自语
"我迷路了"，也许他已经意识到自己的命运。

吕西安尼提议的细节交给了红衣主教贝内利，教皇给他在
米兰的密友红衣主教科伦坡打电话，委托他负责细节。这
一点得到了迭戈-
洛伦齐神父的证实，他为教皇约翰打了电话，并听到了他
们之间发生的事情。如果没有这个，就不会有教皇约翰-
保罗一世[er]，要求维洛特的记录；载有指示维洛特交出共济
会成员姓名的教皇文件从未被发现。

1978年9月28日**晚**，**在与**维洛特会面后不久，教皇约翰-

保罗就退到了他的办公室。奇怪的是，当晚梵蒂冈没有医生值班，更奇怪的是，教皇约翰的公寓外没有派驻警卫。在当**晚**9时30分至第二天凌晨4时30分之间，教皇约翰-保罗一世[er]，被暗杀。一个瑞士警卫看到了一盏整夜燃烧的阅读灯，但梵蒂冈的保安没有采取任何措施来核实这一不寻常的情况。教皇约翰-保罗一世[er]，是第一位无人问津的教皇，但不是第一位死于毒贩之手的教皇。

维洛特在隐瞒卢西亚尼的死亡方面发挥了重要作用。9月29日，维琴察修女在照顾卢西亚尼的简单需要并第一个发现教皇的尸体时，将一瓶为教皇约翰开的药Efortil从床头柜上塞进他的口袋。然后他摘下了卢西尼的眼镜和拖鞋。维洛特随后去了教皇约翰的办公室，取出了他的教皇遗嘱。然后他**离开了公寓，没有**对在场的维琴察修女说一句话。维琴察修女向红衣主教贝勒尼描述了维洛特的奇特行为。当Belleni询问他的行为时，Villot否认了Vicenza修女的报告。他还对发现卢西亚诺尸体的情况说了谎。

还有一些人死于投毒者之手，如扎卡里-泰勒总统，他因拒绝执行共济会的命令而付出了生命的代价。这些命令是由马志尼在莱昂的代表发布的，他是共济会**运动**   "青年美国"的创始人。1850年7月4日**晚，泰勒生病了，开始呕吐一种**浓黑的物质。他死得很慢，很痛苦，医生认为这是因为"喝了太多的冷牛**奶，吃了太多的樱桃**"。但这并不能解释厚厚的黑色物质。如此严重的呕吐将表明存在致命的毒药。正如教皇约翰-保罗一世[er]，泰勒没有进行尸检，他的死亡方式是由医生随意描述的，他们无法知道确切的原因。在这方面，教皇约翰-保罗一世的死亡[er]，梵蒂冈的医生Buzzonnetti博士也是以类似的轻率方式处理的，他本应最强烈地怀疑有犯规行为。

国会议员路易斯-T-

麦克法登被谋杀的原因是他对联邦储备委员会和联邦储备银行的正面攻击，这是美国秘密政府众多神牛中最神圣的一头。麦克法登在1920年担任**众**议院银行委员会主席。他**公开攻**击美联储理事，指责他们造成了1929年的华尔街大崩溃。

麦克法登对美联储的战争在整个华盛顿产生了影响。*全国新闻俱乐部*的创始人乔治-
斯廷普森说，麦克法登对州长们的指控令人难以置信，社会无法相信麦克法登所说的。但当麦克法登被指责为疯子时，是斯廷普森说他一分钟也不相信。

麦克法登对美联储发动了长达10多年的无情战争，揭露了20
世纪一些最卑劣的罪行。麦克法登最尖锐的指控之一是，联邦储备系统背信弃义地阴谋破坏美国的宪法政府。他还攻击了罗斯福总统和国际银行家。

1932年6月10日星期五，麦克法登在**众**议院发表了如下声明

"总统先生，我们在这个国家有一个世界上见过的最腐败的机构。我指的是联邦储备委员会和美联储的成员银行。联邦储备委员会是一个政府委员会，它骗取了美国及其人民足够的钱来支付国债……这个邪恶的机构使美国人民陷入贫困，毁掉了美国人民；它毁掉了自己，实际上也毁掉了我们的政府。它之所以这样做，是因为它所依据的法律有缺陷，因为联邦储备委员会对该法律的管理不善，也因为控制它的金钱秃鹰的腐败行为。"

1933年5月23日，麦克法登在**众**议院发表了热情洋溢的演讲，他说

"总统先生，耳边没有一个人不知道这个国家已经落入国际银行家的手中，这里的成员很少有不后悔的……总统先生，我们今天在甲板上。我们的敌人，同一个奸诈的敌人，正在向我们挺进。总统先生，在我给他一平方英寸的美国土地或他欠我们的一美元的战争债务之前，我将当场死亡。

"总统先生，我要求将美国的黄金库存从联邦储备银行
中移出，放在美国财政部。我要求对美国政府的财政事
务进行审计，从上到下。我要求在黄金和白银的全部价
值基础上恢复现金支付......"

这一谴责，再加上麦克法登揭露了赔偿债券和外国证券在
德国销售的价值1亿美元的维修债券，如此震撼了高级别的
秘密平行政府，以至于**阴**谋观察家认为，正是在这个时候
下**达了**让麦克法登永久闭嘴的命令。

总共有三次对麦克法登的企图。第一次发生在他参加一个
晚宴的时候，他突然病得很厉害。坐在他旁边的一位医生
能够将他从死亡的魔掌中拉出来。第二次企图是在麦克法
登从国会大厦附近的一辆出租车上下来时发生的。开了两
枪，但都没有打中。第三次尝试是在纽约进行的，麦克法
登在那里参加了**另一个晚宴，并**获得了成功。他再次出现
剧烈的呕吐，在救援人员赶到之前死亡。这个投毒者成功
地使国际银行家和联邦储备理事会摆脱了一个人，这个人
可以完全暴露他们的活动并使国家反对他们，迫使他们结
束对我们货币体系的控制。

亨德里克-维尔沃德博士是南非的　　　　　　　"**种族隔离
**"之父。维尔沃德博士是荷兰人，他像一个巨人一样在南非
的政治舞台上大**步前**进。维尔沃德博士对奥本海默机器及
其控制的自由派政客无所畏惧，并对国际银行家和他们在
南非的走狗不惜一切代价进行攻击。

维尔沃德鄙视联合国，并对其干涉南非的内部事务，特别
是邀请印度讨论在南非对印度人的歧视问题提出了强烈批
评。印度人是塞西尔-约翰-
罗兹带到南非的契约劳工的后裔。作为一个阶级，他们取
得了巨大的繁**荣，主要是以**牺牲本土班图人的利益为代价
，这要归功于1949年1月13日在德班发生的祖鲁人和印度人
之间的暴乱，这次暴乱造成100人死亡，1000多人受伤。大
多数受害者是印度人。

维尔沃德博士不想与印第安人打交道，声称他们的领导人都是共产主义者。后来，在他被暗杀后，他的主张似乎得到了支持，因为被指控犯有政治罪的印度人和黑人的法律代表权已经落入印度律师手中，他们都属于印度国会，一个与共产主义有关的组织。

1950年4月27日，《群体地区法案》出台，其主要目的是将**种族隔离到不同地区**。1953年4月的骚乱之后，新的反恐立法被提出并实施。

然后，300人委员会找到了阿兰-**帕**顿这个傀儡，他的《哭泣吧，亲爱的国家》一书被人为地变成了一部国际知名的文学作品。帕顿是自由派的宠儿，他们把一个完全不讨人喜欢的人塑造成一种英雄。帕顿创立了自由党，主张为   "所有文明人"投票。在这方面，他得到了强大的奥本海默机器的支持。这些指控的证据可以在奥本海默拥有的约翰内斯堡报纸《*星期日时报*》的档案中找到。

1958年9月3日，维尔沃德博士当选为总理。1960年10月5日，全民公决批准了一项建立共和制政府并终止英联邦成员资格的提案。1961年5月31日，维尔沃德博士从伦敦返回时受到了英雄般的欢迎，他在那里向英国议会发表了爆炸性的撤军宣言。联合国立即要求其成员国禁止向南非出售军事装备。

政治路线是在第三次英布战争进行时划定的。1964年4月20日，一个所谓的联合国专家小组发布了一份报告，呼吁在南非实行非种族民主，完全无视印度已经存在了几百年的**种姓制度。种姓制度是一种**严格的社会阶层隔离，比在南非看到的任何情况都严重得多，它仍然有效。即使在今天，联合国仍然对印度的 "**种族隔离** "保持**沉默**。

维尔沃德博士以有序的方式管理国家，不容忍任何黑人或印度人的反政府团体。1964年6月12日，纳尔逊-曼德拉和七名黑人在制造炸弹和拥有被禁止的共产主义文

献时被抓。曼德拉的导师--这些罪行的煽动者--
艾布拉姆斯和沃尔普逃离了这个国家，但曼德拉和他的支持者因破坏、盗窃、暴力犯罪和企图颠覆政府的行为而被判处终身监禁。

审判是在南非独立的司法系统下以严格的公平方式进行的。曼德拉是因普通罪行而被监禁的，而不是因为政治原因。我在兰特最高法院研究的案件记录，清楚地表明了曼德拉被定罪的民事犯罪行为的性质。正是西方媒体掩盖了这一真相，使人以为曼德拉是因政治原因被监禁的。美国和英国从未试图客观地看待曼德拉。

1966年9月6日，维尔沃德博士在开普敦议会开会时被一名信使刺死。这位信使很有名，担任此职多年，是一个熟悉的人物，他在会议厅内自由走动，向个别议员分发文件和资料。警方提出了一个明显的结论，即外国分子参与了暗杀活动。黑暗势力已经开始工作，要摧毁南非共和国。

刺客被描述为
"精神错乱"，但世界各地的情报人员认为，他是通过程序来实施谋杀的，因为我们知道今天关于情报机构使用催眠术的情况。在袭击维尔沃德博士之前，这位刺客从未表现出任何精神疾病的迹象。问题是："谁下达了刺杀维尔沃德的命令，谁做了程序设计？"当时，只有两个情报机构有权进行涉及精神控制的任务；中情局和克格勃。没有任何东西可以证明，但普遍的看法是，这起谋杀案是中情局所为。

1966年，中情局用改变心智的千兆射线进行的秘密实验没有进入公共领域，一直处于保密状态，直到1977年的约翰-马库斯和1990年的戈登-
托马斯全面揭露了中情局在这一领域的行为。一些专家现在**确信**，维尔沃德博士是中情局这些实验的首批受害者之一。

与其他许多人一样，我也写了一本关于约翰-F-

肯尼迪遇刺的深度书。我提出的许多主张在当时无法得到证实，但现在其他独立的消息来源正在证实我所说的话。迄今为止，这些令人发指的罪行的肇事者没有一个被逮捕，他们中的任何人都不可能被逮捕。暗杀的威胁，不管用什**么方法**，总是笼罩着所有的国家领导人，特别是在美国，如果有人主动揭露真相，不排除受到伤害的可能性。

其中一个消息来源是前中情局合同工罗伯特-莫罗。莫罗证实，肯尼迪不得不死，因为他不喜欢中央情报局，而且他曾宣布要把胡佛和林登-约翰逊都赶走。莫罗证实了我关于蒂皮特的说法，他被派去杀死奥斯瓦尔德以阻止他说话，但奥斯瓦尔德认出了他，先向他**开枪**。

莫罗还证实了我所说的奥斯瓦尔德在枪击案后去电影院与杰克-鲁比会面的事。莫罗还证实，奥斯瓦尔德从未向肯尼迪开枪，枪击事件发生时，奥斯瓦尔德正在得克萨斯州学校书库的二楼，喝着可乐，吃着三明治。

莫罗还认为，肯尼迪是被人从车队前面的一个草丘上迎面射杀的。他还证实了我的说法，即总统的豪华轿车被从现场移走，并在有人对其进行全面取证之前被运走拆解。

莫罗提出了一些有趣的指控；其中一项指控是，乔治-布什被授予中央情报局局长（DCI）的职位，其唯一目的是阻止参议院教会委员会获得有关肯尼迪刺杀事件的所有事实，而他也确实做到了。莫罗还声称，布什知道关于肯尼迪刺杀事件的所有信息。

十一.印度的种族隔离和种姓制度

300人委员会对南非的种族分离政策的'恶行'说了很多。然而，对于印度社会中僵化的阶级分离，却很少或根本没有人提及。会不会是因为南非拥有世界上最丰富的金矿，而印度只拥有一些价值较低的自然资源而受到攻击？

在罗斯柴尔德家族的仆人、狡猾的主人塞西尔-约翰-罗兹的积极帮助下，当发现黄金的消息公布后，地毯客和成群结队涌向德兰士瓦的外国人掀起了一场 "权利 "鼓动。这些流浪者和财富猎人所要求的是投票权，这是 "一人一票 "的第一个骗局，用于将布尔人及其后代与他们的国家主权**分开。煽**动是由约翰内斯堡的罗斯柴尔德-罗德斯政治机器策划的，并由伦敦的阿尔弗雷德-米尔纳勋爵精心控制。

对布尔人领导人来说，很明显，如果**允许**新来者投票，他们的政府将被成群结队的外国冒险家扫地出门。当布尔人的领导人显然不会温顺地允许他们的人民被 "一人一票 "的政治要求所剥夺权利时，在维多利亚女王的大臣和使者谈论和平的时候，已经制定了一年的战争计划突然出现在现场。

维多利亚女王派出有史以来最强大的军队，与小小的布尔共和国作战。要相信英国女王关心涌入布尔共和国的财富猎手和地毯商的投票权，这需要生动的想象力。经过三年最残酷的冲突，英国人对布尔人的妇女和儿童毫不留情，其中25000人在有史以来的第一批集中营中丧生。在战场上基本不败的布尔人被迫坐到了谈判桌上。在会议召开的维雷尼金，布尔人被剥夺了他们所代表的一切，包括他们共和国贫瘠土地下的巨大财富。

重要的是要记住，布尔人是一个虔诚的基督教国家。维多利亚女王的幻觉派-诺斯底派-天主教-博戈米尔派的爪牙和顾问们决心不仅要在军事上打败布尔人，夺取他们共和国的矿产财富，而且要粉碎他们，消灭他们的语言和文化。这一犯罪事业的主要设计师是傲慢的贵族阿尔弗雷德-米尔纳勋爵，他在1915年资助了布尔什维克，使'俄国'革命成为可能。英国人放逐了可敬的德兰士瓦总统保罗-克鲁格，以及他的大部分部长和那些领导了反对英帝国主义的武装斗争的人。这是一个所谓的文明国家第一次有记录地实施这种野蛮的待遇。

公然的、猖獗的**种族隔离之所以**过去和现在都被允许在印度盛行，是因为印度是新时代宗教的故乡，威尼斯的黑人贵族和英国的寡头们都喜欢这种宗教。新时代宗教完全基于印度教。神学会的女祭司安妮-贝桑特在1898年访问印度后，将印度教改编为新纪元思想，这一点值得称赞。

一人一票

"的想法，其中**种族隔离被描**绘成恶棍，在美国历史上没有任何地位。这只是一个诡计，让世界相信联合国关心南非黑人部落的福利（黑人分为17个部落，并不是一个政治上统一的同质化国家）。反种族隔离的喧嚣是为了掩盖真正的目标，即获得对南非巨大的矿产财富的完全控制，这些财富现在将转给300人委员会。
一旦这一目标实现，曼德拉将被抛在一边，成为一个已经**达到目的的破旧工具。**

美国宪法没有规定 "一人一票"，在对曼德拉喜欢的"南非**种族隔离制度的邪恶**"的呼声中，可能会忽略这一观点。

美国国会是由人口普查局每十年一次对特定地区的人口进行统计决定的，而不是基于
"一人一票"。这就是为什么每四年都要进行一次重大的边界重划。**然后由生活在**这些边界内的人数来选择其代表。

自由派政客可能希望某个地区有一个黑人或西班牙裔的代表，他们希望这个人能够在自由派议程上与他们投票。但该地区可能没有足够的黑人或西班牙裔选民来实现必要的改变，所以自由派政客会试图让边界改变，甚至使用可笑的潜规则，用两个地区之间的狭窄走廊连接相隔100英里的**两个地区**。这个想法是，如果目标地区的黑人或西班牙裔人是少数，那**么通**过连接两个地区创造一个多数，这将选出一个黑人或西班牙裔代表，听从**众**议院和参议院的自由派。

在对种族隔离的喧嚣中，英国媒体一直小心翼翼地掩盖了比南非早几百年的更大的**种族隔离：印度的种姓制度**，这**种制度至今仍然存在，并且仍然被**严格执行。

从1582年英国人入侵印度时起，苏菲派就被用来分裂穆斯林和锡克教徒，使他们相互对立。1603年，约翰-米尔德霍尔来到阿格拉，为1600年12月31日在伦敦成立的英国东印度公司寻找租界。该公司改名为英国东印度公司，并利用其代理人打破反对种姓制度的锡克教徒的权力。1717年，BEIC的贿赂和欺骗性外交，以及医疗用品的捐赠，足以从莫**卧儿王朝那里**获得大量的特许权，莫卧儿王朝还免除了BEIC在罂粟种植和鸦片原料制造方面的收入税。

到1765年，印度的克莱夫，英国占领印度的传奇人物，已经完全控制了孟加拉、贝拿勒斯和比哈尔的世界上最丰富的罂粟田，对莫卧儿人的税收施加了控制。到1785年，在沃伦-黑斯廷斯爵士的领导下，鸦片贸易已被英国国际商会牢牢控制。黑斯廷斯的印度   "改革"之一是**确保所有种植**罂粟的土地并将其置于他的控制之下。这包括生鸦片的制造。

在1813年向议会提出申述后，英国皇室将BEIC的特许权延长了30年。1833年，议会再次将BEIC的章程延长了20年。看到权力正在从他们身边溜走，印度上层种姓开始通过BEIC反叛英国统治。为了防止这种情况，英国首相于1856年8月2日通过了《印度政府法》，从而欺骗了印度领导人。该法案表面上是将BEIC在印度的所有资产和土地转让给英国王室。这一外交伎俩完全是基于谎言，因为事实上没有任何变化。BEIC是王室。

迪斯雷利首相将这一骗局进一步扩大，1896年，在他的鼓动下，议会宣布维多利亚女王为
"印度皇后"。同年，饥荒造成200多万低**种姓印度人死亡**。在英国的统治下（由BEIC强加），总共有600多万低**种姓**印度人死于饥饿。南非从未发生过任何类似于这种灾难的事情。在中央情报局煽动的   "沙佩维尔"暴乱中，南非遭到了全世界的强烈抗议和谴责，当时有不到80名黑人暴徒被安全部队杀害。黑人被外部势力煽动暴动，却没有意识到他们被利用了。

印度的   "Jati
"**种姓制度是100%基于种族。在金字塔的**顶端是雅利安人（**白种人**，蓝眼睛，据说是亚历山大大帝的后裔--一个占领该国的希腊人）。他们的正下方是婆罗门，其颜色从白色到浅棕色不等。婆罗门祭司就是从这个种姓出来的。婆罗门以下是战士和统治者，称为刹帝利，他们的皮**肤也很白。刹帝利以下是吠舍**，这是一个由小官员、商人、贸易商、手工业者和技术工人组成的阶层。他们的皮肤比较黑。

接下来是首陀罗或非技术工人，那些不是水管工、电工、汽车修理工或其他的人。最后，在权力金字塔的最底层是"Harijans"，字面意思是   "弃儿"，被统称为"Pariahs"。他们也被称为
"不可接触者"，皮**肤非常黑或黑色。他们的皮肤越黑，就**越不容易   "触摸"。1946年，路易-

蒙巴顿勋爵（Battenberg）直接代表300人委员会，向印度提出了完全独立的建议，这是平息由持续饥荒引起的严重暴乱的一个潜规则，饥荒夺去了数十万哈里发人的生命。这一事件在很大程度上被西方媒体所忽视。在另一个空洞的姿态中，"贱民"在一年后被宣布为非法，但这种做法仍在继续，好像法律从未被通过。

贱民制
"是印度所有僵化的**种姓制度中最残酷的一种。**这意味着Harijans不允许接触其他种姓的成员。

如果发生这种情况，被冒犯的上层人士有权将冒犯的哈里亚人杀死。严格的隔离制度不仅是一种阶级措施，而且也是为了防止在哈里亚人中流行的疾病的传播。

哈里扬人是印度最大的种族群体，几个世纪以来，他们一直受到可耻的虐待和凌辱。当想要进行政治变革时，这个群体被当作炮灰，他们的生命被视为没有什么价值。这一点在利用哈里亚人摧毁印度一座古老的清真寺以实现印度政府的政治变革时得到了证明。西方媒体或电视上很少（如果有的话）提到这种邪恶。

对黑人来说，不幸的是，他们只是游戏中的小卒子。他们的重要性将在300人委员会实现其目标，曼德拉作为一个已经过时的工具被抛弃时结束。然后，全球2000年人口削减计划将永远适用于他们。他们的命运应该比曼德拉的控制者、奥本海默家族和300人委员会的命运更好。

XII.关于大规模监控的说明

美国和英国在监视本国公民和外国政府方面的合作非常密切。这适用于所有交通：商业、外交和私人通信。没有什么**是神圣的，也没有什么是国家安全局**（NSA）**和政府通信总部**（GCHQ）所能触及的，它们已经联合起来，大规模地非法监控电话、电报、传真、计算机和语音传输。

这两个机构都有专业知识，可以在任何时候对任何人进行监听。每天，英国约克郡的Menwith Hill和康沃尔郡的Morwenstow的GCHQ监听站都会接收到100万**份通信**。这些站点由国家安全局运营，以规避禁止国家安全局对其公民进行间谍活动的英国法律。从技术上讲，GCHQ并没有违反英国法律，因为拦截行动是由国家安全局进行的。

GCHQ/NSA的计算机寻找触发词，这些触发词被标记和储存。这是一个简单的程序，因为所有的通信都是以数字脉冲的形式传输。这同时适用于书面和口头交流。然后对有标记的信息进行分析，如果有这些机构感兴趣的东西，就会展**开**进一步调查。整个行动是非法的，但这并不妨碍这些机**构中的任何一个**执行他们自己设定的任务。

国家安全局的HARVEST计算机每秒可以读取4.6亿个字符，相当于5000页的书。目前，情报来源估计，GCHQ和NSA使用的HARVEST电脑每年截获超过8000万个电话，其中250万个被标记并储存起来以备进一步检查。这两个机构都有一大批专家，他们周游世界，寻找和评估可用于保护个人隐私的新产品，然后想办法破解。

随着移动电话的出现，出现了一个重大挑战。目前，移动

电话流量被   "窃听
"的方式是监听小区信号（这些信号是为计费而设计的），
各**种小区代**码有自己的标识，可以追溯到电话的来源。但
新一代的A5手机给政府的间谍活动带来了严重的问题。

这些新电话有一个A5加扰码，与军事加扰系统非常相似，
这使得政府机构几乎不可能破译信息并追踪电话的来源。
目前，GCHQ和NSA监视小组需要5个月的时间来解开A5手
机传输的信息。

政府声称，这将严重阻碍其打击贩毒和有组织犯罪的努力
，这是一个老掉牙的借口，很少有人接受。对于在这些打
击犯罪的措施过程中，公民的隐私权受到严重侵犯的事实
，却只字未提。

现在，国家安全局、联邦调查局和GCHQ要求召回装有现
有A5干扰器的手机进行
"改装"。虽然他们没有这样说，但政府需要拥有在A5干扰
系统出现之前对私人传输的相同权限。因此，英国和美国
政府机**构要求用**A5X系统取代A5手机干扰系统，这给他们
提供了进入以前安全手机的"陷**阱门**"。

固定电话（本地电话）通过被   "切换
"到由国家安全局和GCHQ**运**营的信息交换中心，很容易被
截获。长途电话不是问题，因为它们通常是由微波塔转发
的，很容易从空中接听。此外，美国国家安全局还拥有RH
YOLITE卫星，该卫星有能力接收由电报、微波、无线电、
甚高频和超高频信号传输的所有对话。

军情六处的布鲁斯-洛克哈特，列宁和托洛茨基的控制者

悉尼-赖利-军情六处的经济专家。

萨默塞特-毛姆--军情六处给克伦斯基的特派员。

军情六处总部，伦敦。

美国前总统布什和萨巴赫埃米尔。

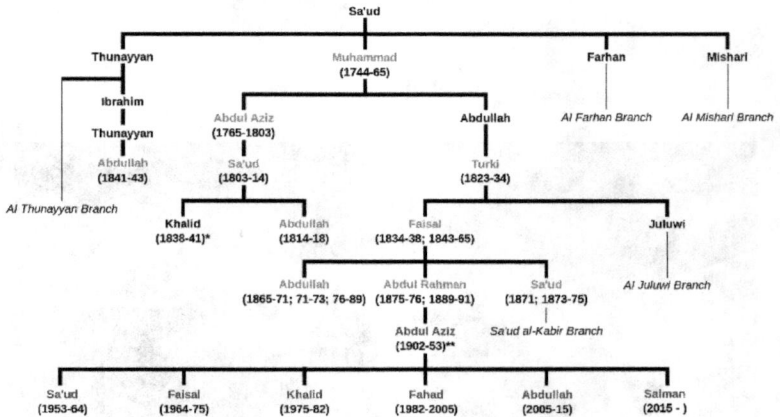

Sa'ud

Thunayyan — **Muhammad (1744-65)** — **Farhan** — **Mishari**

Ibrahim

Thunayyan — **Abdul Aziz (1765-1803)** — **Abdullah** — *Al Farhan Branch* — *Al Mishari Branch*

Abdullah (1841-43) — Sa'ud (1803-14) — Turki (1823-34)

Al Thunayyan Branch

Khalid (1838-41)* — Abdullah (1814-18) — Faisal (1834-38; 1843-65) — **Juluwi**

Abdullah (1865-71; 71-73; 76-89) — Abdul Rahman (1875-76; 1889-91) — Sa'ud (1871; 1873-75) — *Al Juluwi Branch*

Abdul Aziz (1902-53)** — *Sa'ud al-Kabir Branch*

Sa'ud (1953-64) — Faisal (1964-75) — Khalid (1975-82) — Fahad (1982-2005) — Abdullah (2005-15) — Salman (2015-)

Legend
Red — Imams of the first Saudi dynasty
Blue — Imams of the second Saudi dynasty
Green — Kings of Saudi Arabia

* Ruled as Ottoman viceroy
** Various titles until 1932; King of Saudi Arabia 1932-53

沙特瓦哈比王朝。

关于来源的说明

小马丁-路德-金被暗杀的消息来源是美联社1965年4月9日在孟菲斯的报道。1965年4月14日，美联社在孟菲斯进行了另外两次报道，一次是唐-麦基，**另一次是盖洛德-**肖。真正的凶手被《纽约时报》记者厄尔-考德威尔看到，他从未接受过任何执法或调查机构的采访。

Vittorio Orlando的私人文件。

安东-杰尼金将军的私人文件。

圣雷莫会议的会议记录。

美国国会记录，众议院和参议院。

会议记录，洛桑会议。

威尔斯。H.G. "民主之后"。

罗素。伯特兰爵士。"科学对社会的影响。

英国东印度公司（BEIC）。印度之家，伦敦。威尔逊，伍德罗总统。

国会记录，众议院和参议院。

凡尔赛条约文件，法国巴黎。

扬-克里斯蒂安-斯穆特。布尔战争纪念档案，比勒陀利亚。

盟军要求赔偿。凡尔赛和圣雷莫会议。

国会议员L.T.的演讲集麦克法登。国际联盟文件，日内瓦。

皇家国际事务研究所。

科利曼博士，"300人委员会"。

社会主义：F.D.罗斯福
"我们的道路"。1848年的《共产党宣言》。

"Fabian Freeway：美国的社会主义之路"。罗丝-马丁。

沃尔什参议员。五大国在联合国的独裁统治。

国会记录，参议院，第8165-8166页。

J. 科尔曼博士。"审查海湾战争的目标"。

公法85766，第1602条。公法471，第109条。

约翰-拉里克"联合国是看不见的政府的产物"

国会记录，众议院，第E 10400-10404页，1970年12月14日。

艾伦参议员和泰勒参议员之间的辩论 国会记录（参议院）6586-6589 1898年7月1日。

J. 科尔曼博士。"不是一个主权机构。

联合国宪章》，被称为 "宪章"。第2273-2297页国会记录，众议院1900年2月26日。

史密斯议员。总统权力的局限性 国会记录第12284页。

艾伦-杜勒斯。对国会的压力，国会记录第8008-80209页，1945年7月25日。

伦纳德-莫斯利"Dulles; A Biography of Eleanor, Allen and John Foster Dulles."

宪政法律。库利法官。宪法不屈服于条约或法规。

范-哈尔斯特教授 "美国的宪法法律"。

房屋，上校。威尔逊和罗斯福的CFR和控制器，大英战争博物馆的文件，以及伦敦大英博物馆。

J. Coleman博士
"外国援助是非自愿的奴役"。阿拉伯之地。大英博物馆，以及开罗博物馆。

古兰经》的原则。来自《古兰经》。

阿拉伯的劳伦斯被出卖了。阿奇博尔德-默里爵士的阿拉伯文件。

英国外交部电报，大英博物馆，伦敦。

贝尔福宣言》。

阿瑟-贝尔福爵士文件，大英博物馆，伦敦。

埃德蒙-艾伦比将军，巴勒斯坦文件，大英博物馆，伦敦。

路易斯-费舍尔。"石油帝国主义：国际石油斗争"。

伊拉克的独立。

1923年议定书。国际联盟的文件，日内瓦。

L. M. Fleming，《世界大战中的石油》。

美国政治科学学会年鉴》。1917年5月增刊，"墨西哥宪法"。

华盛顿苏维埃评论》，1928年1月。*伦敦石油时报》*，1927年11月26日。

Dr. J. Coleman "William
K。**达西**。这位神秘的新西兰人为300家石油公司的委员会铺平了道路。300人委员会"。

土耳其石油公司。文件，珀西-
考克斯爵士，伦敦石油研究所，外交部，伦敦。

科威特和摩苏尔的地位是模糊的。

圣雷莫和洛桑会议的会议记录，1920年和1923年。

巴勒斯坦的地位。

英国**帕斯菲**尔德委员会白皮书。

美国国务院1919年8月16日的领事指令。强调美国获得外国石油特许权的极端必要性，鼓励领事人员监视与美国竞争石油控制权的外国代理人。

美国国务院 "美国的对外关系"。1913年第820页。

联邦贸易委员会前文第XX-
XXI页，第69届国会，国务院文件，第10卷第3120页。

莫尔，安东。"石油战争"。

Eaton, M. J. "石油工业今天的反应"。

商务部T.I.B第385号 "控制原材料价格的外国组合"。

伯特兰-罗素（Bertrand Russell）。"最重要的原材料之一是石油"。1962年作出的声明。

柯立芝。联邦石油保护委员会。联邦政府对石油的 "门户开放"政策。查尔斯-埃文斯-休斯在本会的发言。

与墨西哥的石油和土地特许权：来自国会图书馆的《瓜达卢佩和伊达尔戈条约》档案，1848年。

"洛克菲勒国际主义者 "伊曼纽尔-约瑟夫森描述了R-洛克菲勒的国际石油政策。

Teapot Dome丑闻。阿尔伯特-B.的作用。堕落和 "堕落者"一词的起源。

所查阅的文件来自大英博物馆、国会记录、众议院和参议院的资料以及当时的报纸报道。

参议院外交关系委员会关于 "墨西哥革命"的听证会1913年。1912年，威尔逊总统把 "韦尔塔威胁"说成是对巴拿马运河的威胁，从而激怒了美国人民。

亨利，J.D. "对俄罗斯石油的争夺，巴库和多事的历史"。西班牙的德拉特拉梅尔加，皮埃尔。"世界石油之争"。

苏联评论》，1928年1月。

McFadden, L.T.韦尔塔-托马斯-拉蒙特协议

苏联的信息办公室。"1928年俄罗斯经济状况"。

巴勒斯坦的分治。

"犹太人和阿拉伯人不能生活在一起"。皮尔委员会报告，英国外交部文件。

国务院给詹姆斯-贝克三世的备忘录，1989年10月。在提到BNL的丑闻时，"把农业部门围起来"。

关于伊拉克和BNL的第26号国家安全指令，授权延长对伊拉克的信贷。

纽约联邦储备银行2月6日的备忘录。揭示了SNL对伊拉克贷款的隐瞒机制。

国家安全委员会备忘录的机构间代表委员会在白宫召开会议，以限制BNL-伊拉克的损害。

"布什居民伪造了伊拉克部队的数字。国会联席会议，国会记录1990年9月11日。

亨利-
冈萨雷斯提出了令人尴尬的问题。国会记录，众议院和1990年9月给司法部长Thornburgh的信。信件的副本 众议院，国会记录。

司法部长威廉-
巴尔拒绝与冈萨雷斯议员合作。1992年5月的信件。

法庭文件，马文-肖布法官，克里斯托弗-
德鲁戈尔，BNL案件，亚特兰大，肖布法官要求司法部任命特别检察官。

博伦参议员给司法部长巴尔的信，要求任命一名特别检察官。1992年10月14日。

向伊拉克和伊朗"卖书"。本-
马舍1989年受审时的证词，摘自法庭文件。

约翰-科尔曼博士。"塞西尔-约翰-罗兹，非凡的阴谋家"。

J. 科尔曼博士。"宪法中没有表达'一人一票'的法律"。

英国与印度的鸦片贸易。

印度屋**关于英国**东印度公司的文件，印度屋，伦敦。提到了获得第一个印度特许权的约翰-米尔德霍尔。还有关于 "印度的克莱夫"的工作细节，以及如何与印度莫卧儿王朝谈判各种鸦片
"宪章"。

迪斯雷利。在下议院关于印度政策的演讲，"Hansard" 1896年。

1921年4月20日的《汤普森-
乌鲁特亚条约》。大英博物馆的文件和国会记录，众议院和参议院。

瓦特尔关于条约和协议的

"万民法"。莫尔福德博士。"国家的主权"。

约翰-罗恩。美国缉毒署（DEA）署长。给曼努埃尔-
诺列加的信，1987年5月27日。

英国秘密情报局。

早期，弗朗西斯-
沃尔辛厄姆爵士，伊丽莎白一世女王的间谍主管，伦敦大英博物
馆的文件。

萧伯纳"**关于费边社的说明**"。

已经出版

OMNIA VERITAS LTD 提出了：

约翰·科尔曼

阴谋家的等级制度
300人委员会的历史

作者：约翰-科尔曼

这个反对上帝和人类的公开阴谋包括对大多数人类的奴役

OMNIA VERITAS LTD 提出了：

约翰·科尔曼

超越阴谋
揭开看不见的世界政府的面纱

所有重大的历史事件都是由
那些围绕着自己的人秘密策
划的，他们有完全的谨慎。

作者：约翰-科尔曼

高度组织化的团体总是比公民有优势

OMNIA VERITAS LTD 目前：

约翰 科尔曼

罗思柴尔德王朝

作者：约翰-科尔曼

历史事件往往是由一只"隐藏的手"造成的。

OMNIA VERITAS
OMNIA VERITAS LTD 目前:
关于共济会的一切
在21世纪，共济会与其说是一个"秘密社会"，不如说是一个秘密社团。
作者：约翰-科尔曼
这本书解释了什么是共济会
约翰 科尔曼
关于共济会的一切

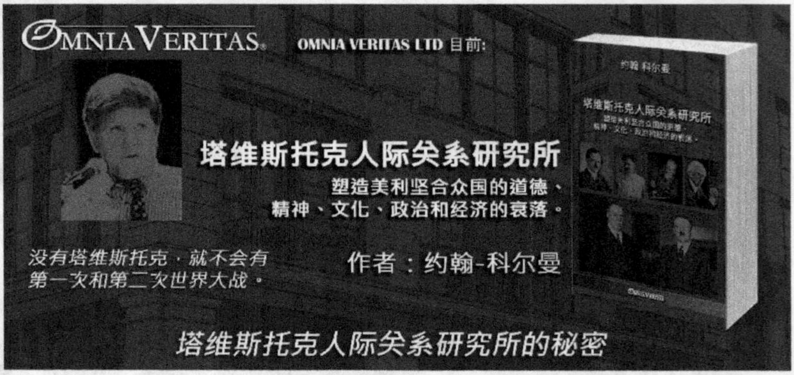
OMNIA VERITAS
OMNIA VERITAS LTD 目前:
塔维斯托克人际关系研究所
塑造美利坚合众国的道德、
精神、文化、政治和经济的衰落。
没有塔维斯托克，就不会有第一次和第二次世界大战。
作者：约翰-科尔曼
塔维斯托克人际关系研究所的秘密
约翰 科尔曼
塔维斯托克人际关系研究所

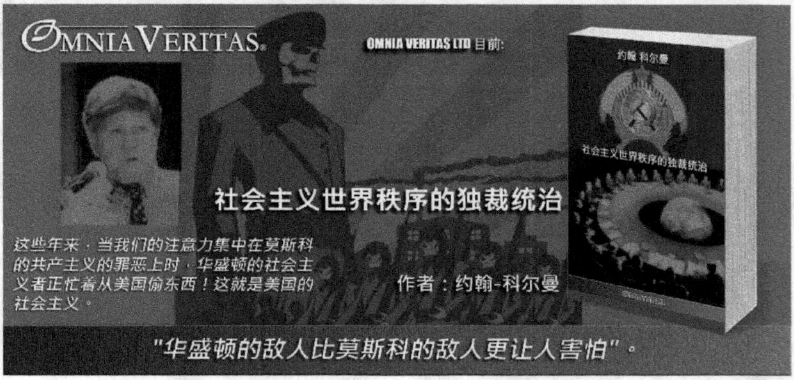
OMNIA VERITAS
OMNIA VERITAS LTD 目前:
社会主义世界秩序的独裁统治
这些年来，当我们的注意力集中在莫斯科的共产主义的罪恶上时，华盛顿的社会主义者正忙着从美国偷东西！这就是美国的社会主义。
作者：约翰-科尔曼
"华盛顿的敌人比莫斯科的敌人更让人害怕"。
约翰 科尔曼
社会主义世界秩序的独裁统治

OMNIA VERITAS LTD 目前：

针对美国的毒品战争

毒品交易无法被根除，因为其管理者不会允许世界上最有利可图的市场被夺走……。

作者：约翰-科尔曼

这种受诅咒的贸易的真正推动者是这个世界的 "精英"。

OMNIA VERITAS LTD 目前：

罗马俱乐部
世界新秩序的智囊团

20世纪的许多悲剧性和爆炸性事件并不是自己发生的，而是按照一个既定的模式计划的。

作者：约翰-科尔曼

谁是这些重大事件的策划者和创造者？

OMNIA VERITAS LTD 目前：

石油战争

作者：约翰-科尔曼

石油工业的历史记载带我们经历了 "外交"的曲折。

垄断所有国家觊觎的资源的斗争

www.ingramcontent.com/pod-product-compliance
Lightning Source LLC
Chambersburg PA
CBHW070905270326
41927CB00011B/2462